블럭식스와 함께한

_____ 부터

_____ 까지의 기록

쓸데없는 것을 줄이고
하고 싶은 것을 하는 삶!
지금부터 시작입니다

BLOCK 6

REVOLUTION

BLOCK 6

REVOLUTION

블럭식스 플래너에 담은 마음

블럭식스 플래너는 하고잡이가 하고잡이를 위해
만든 시간 관리 솔루션입니다.

블럭식스 플래너와 함께하며
당신이 좀 더 똑똑하게 바쁠 수 있기를
당신이 행복하게 바쁠 수 있기를
바쁜 와중에 한 숨 돌리는 여유를 선택할 수 있기를
아무리 바빠도 인생에서 놓치면 안 되는 중요한 가치를 지킬 수 있기를 바랍니다.

블럭식스 시간 관리 시스템이 당신에게
그 방법을 명확히 제시해줄 것이라 자신하며
저의 시간 관리 성공 핵심 무기인 이 블럭식스 플래너를 오픈합니다.

《블럭식스 레볼루션》을 선택한 '하고잡이'들에게

하고잡이;
뭐든 하고 싶어 하고, 일을 만들어서 하는 성향의 사람

《블럭식스 레볼루션: 하루 6블럭 시간 관리 시스템 블럭식스 3개월 플래너》는 하고잡이가 하고잡이를 위해 만들었습니다. 평생 동안 다이어리를 3개월 이상 꾸준히 써본 적 없던 제가, 블럭식스 시간 관리 시스템과 함께한 후부터 2년 넘게 꾸준히 플래너를 쓰며 이전에 없던 성장과 행복을 경험하고 있습니다. 그렇기에 하고 싶은 것이 너무 많아서 시간 관리가 안 되는 하고잡이들에게 실질적인 도움이 되고자 저의 시간 관리 핵심이 담긴 플래너를 오픈합니다.

■ '하고잡이'들이 공통적으로 겪는 시간 관리에 대한 고충

저는 저와 같은 하고잡이들을 잘 알고 있습니다. 우리는 반짝이는 아이디어가 많고, 주변에서 꽤나 일도 잘한다는 이야기를 듣습니다. 그리고 세상에 대한 호기심이 많아서 레이더망에 포착되어 사고 싶은 물건도 많고, 배우고 싶은 것들도 많지요. 그렇다 보니 주변에서는 우리를 트렌디한 사람, 이슈에 빠른 사람 그

리고 바쁜 사람이라고 생각하기도 합니다.

반면 우리는 공통적인 어려움을 가지고 있습니다. 하고 싶은 게 많다 보니 시간이 모자라고, 그것들 사이에서의 우선순위를 가려내기 어려워하지요. 또 하고 싶은 것이 계속 생기다 보니 하나에 집중하기 어렵습니다. 그래서 우리 모두는 마음 한 켠에 이런 죄책감을 가지고 있기도 합니다. '나는 제대로 하는 게 하나도 없네. 그냥 바쁘기만 한 것 같아. 산만해'라고 말이죠. 당신의 이야기이기도 하고, 저의 이야기이기도 합니다.

저는 여전히 하고잡이이지만, 블럭식스 시간 관리 시스템을 만나고 난 후부터는 조금 달라졌습니다. 그리고 그 작은 변화와 흘러가는 시간이 만나 점점 큰 변화를 만들어내고 있지요. 저는 이제 어디에 집중해야 할지 예전보다 더 잘 알게 되었습니다. 그래서 호기심을 부려야 할 때와 자제하고 하던 것에 집중해야 할 때를 구분할 수 있게 되었지요. 그리고 더 이상 의욕과 지침의 반복에서 벗어나 꾸준히 비슷한 퀄리티의 업무 성과를 낼 수 있게 되었습니다.

■ 하고잡이를 위한 3가지 블럭식스 시간 관리 솔루션

하루를 6블럭, 일주일을 42블럭으로 나누는 블럭식스. 그리고 이 개념을 통해 계획하고 실천하고 점검하는 반복 사이클이 합쳐져서 하고잡이를 위한 '블럭식스 시간 관리 시스템'이 완성됩니다. 이 플래너는 3개월(14주) 동안 그냥 따라 쓰기만 하면 블럭식스 시간 관리 시스템을 배우고, 삶이 변화할 수 있도록 설계되어 있습니다. 《블럭식스 레볼루션》과 함께하면 3개월 후 달라질 당신의 모습을 알려드릴게요.

〈블럭식스 장점 3가지가 가져다줄 당신의 변화〉

1   블럭식스 플래너는 간단합니다.

☞ 그래서 꾸준히 플래너 쓰기를 3개월간 완주하는 당신을 발견하게 됩니다.

2   블럭식스 플래너는 시간이 한정되어 있음을 직관적으로 알게 합니다. 당신에게
     하루 동안 허락된 블럭은 단 6개!

☞ 따라서 한정된 시간 블럭 안에 해야 할 것과 하고 싶은 것을 넣어야 하니, 무엇
   이 더 나에게 중요한 것인지를 잘 알게 됩니다.

3   블럭식스 플래너는 계획-실천-점검의 사이클을 반복합니다.

☞ 3개월 동안 이 사이클을 반복하면서 당신은 시간 관리를 넘어 '나 사용법'을 더
   잘 알게 되어, 보다 행복한 선택을 할 수 있게 됩니다.

■ 그냥 바쁜 하고잡이가 아닌, '성과를 내는 하고잡이'가 된 비결

저는 2년이 넘는 시간 동안 꾸준히 플래너를 쓰게 되었습니다. 시간 단위, 분 단위의 계획이 아니라 하루 6개의 단어만 적으면 되는 심플함 때문에 가능했던 꾸준함입니다. 이런 꾸준함은 제 인생에 없던 이례적인 일입니다. 그렇게 2년 동안 매일 블럭식스 플래너를 쓰면서 무엇이 저에게 더 중요한 것인지를 생각하고, 때에 맞는 현명한 선택을 할 수 있게 되었습니다. 일과 가족과의 시간에서 고민할 때, 사업의 방향성에 대해서 고민할 때, 하고 싶은 것과 경제적인 부분에 대한 고민까지 이 플래너와 함께할 수 있었습니다.

  결과적으로 저는 스스로를 더 잘 알고 행복한 선택을 할 수 있게 되었지요. 하루 6블럭 안에 우선순위 높은 것들을 선택하기 위해 상대적으로 우선순위가 뒤처지는 것들은 비우는 반복적인 트레이닝을 통해, 저는 11년간 다녔던 안정적

인 회사를 퇴사하는 용기를 낼 수 있었습니다. 퇴사 후 2년이 지난 지금 저는 시간 관리 전문가, 인플루언서, 사업가로서의 삶을 만들어나가고 있어요. "후회하지 않아? 그립지 않아?" 하는 질문 종종 받습니다. 전혀요. 우발적인 퇴사가 아니었고, 우선순위를 끊임없이 고민한 후에 했던 선택이었기 때문에 그 선택에는 흔들리지 않는 힘이 있었습니다.

그리고 작년에는 블럭식스 플래너를 크라우드 펀딩사이트 '텀블벅'에 1224%의 후원을 받으며 성공적으로 런칭했고, 올해에는 시간 관리에 대한 더 깊은 노하우를 담아 책을 출판하게 되었습니다. 즉, 그냥 바쁜 하고잡이가 아니라 성과를 내는 하고잡이가 된 것이 블럭식스 시간 관리 시스템과 함께하며 얻은 가장 큰 혜택이지요.

당신도 이제 단순히 바쁘기만 한 하고잡이가 아닌, 성과를 내는 하고잡이가 되고 싶지 않으신가요?

하루를 6블럭으로 나눈다는 것

퀴즈를 하나 내보겠습니다. 3초 안에 답해주세요. 우리의 하루가 24시간이라면, 일주일은 몇 시간일까요? 24시간×7일 =? 3, 2, 1, 0!

이렇게 3초 안에 계산되지 않을 만큼 많은 양의 시간을 잘 관리하기는 정말 어렵습니다. 시간을 관리하기 위해서는 내 시간이 어떻게 흘러가는지 한눈에 파악할 수 있어야 하는데, 그러기 위해서는 2가지가 필요합니다.

1 **심플할 것**: 시간 · 분 단위보다 더 간략하게 시간을 인식할 수 있도록 할 것.
2 **시간이 한정된 공간으로 느끼게 할 것**: 24시간을 무수히 쪼개서 한없이 할 일을 넣는 것이 아니라, 시간의 양이 한정되어 있기 때문에 거기에 들어갈 수 있는 할 일의 양도 제한적이라고 느끼게 할 것.

이러한 이유로 저는 하루를 6블럭으로 나누어 살고 있습니다. 식사시간을 기준으로 오전 2블럭 – (점심 식사) – 오후 2블럭 – (저녁 식사) – 저녁 2블럭, 이렇게 총 6블럭으로 시간을 나누어 생각합니다. 그러고는 그 한정된 블럭 안에서 우선순위를 고려해서 하고 싶은 것을 배치합니다.

예를 들어, 듣고 싶은 온라인 강의가 있으면 6개의 블럭 중에 들어갈 수 있는 빈칸이 있는지부터 확인합니다. 빈칸이 없다면 억지로 끼워 넣지 않아요. 반드시 그 수업을 듣고 싶다면, 이미 6개의 블럭에 들어가 있는 것 중 하나를 빼서 강의를 들을 시간 블럭을 마련해줍니다. 이것이 지치지 않고, 하나를 할 때 제대로 힘을 쏟을 수 있는 블럭식스만의 방법입니다.

1	오전	기상 후 점심식사 전까지 크게 2블럭으로 나눕니다.
2		
3	오후	점심식사 후 저녁식사 전까지 크게 2블럭으로 나눕니다.
4		
5	저녁	저녁식사 후 잠들기 전까지 크게 2블럭 나눕니다.
6		

1	명상
2	회사
3	회사
4	회사
5	운동
6	나이트 루틴

직장인의 하루
6블럭 예시

1	미라클 모닝
2	회사
3	회사
4	회사
5	육아
6	휴식

워킹맘&대디의 하루
6블럭 예시

	Step 1	Step 2	Step 3
1	모닝루틴	□ 체중 측정 / 물 한잔 / 5분 스트레칭 ☑ 신문 읽기 ☑ '쓸쓸하다' 크게 외치기	늦잠자는 바람에 스트레칭을 하지 못했다ㅇ ↳ 내일부턴 꾸준히 ◡ 오늘의 주요 뉴스 키워드 : 메타버스 , 탄소중립 (2050 시나리오 확정!)
2	회사	☑ 오늘의 우선순위 업무 정하기 ☑ 이메일 확인 및 회신 ☑ 프로젝트 세부전략 수립	완전한 몰입 성공 ♡ → 초안 완성!
3	회사	☑ 기안 작성 (결재 후 발송까지!) ☑ 회의실 예약 및 공지 (10/26 , 15:00) ☑ 프로젝트 진행일정 상의	기안문 작성에 예상보다 많은 시간 소요 정대표님과 통화함 (대략 11월 둘째주 쯤)
4	회사	□ 외근 (발주처 대리님 meet) 취소! ☑ 부장님과 면담 예정 □	갑작스러운 면담 요청에 살짝 걱정했는데, 잘 하고 있다는 격려와 함께 올해 인사고과 도 잘 나올 것 같다는 말씀까지 ♡ 오예!
5	운동	□ 한강공원 8km 러닝 ↳ 과연 해낼수 있을까 🥲 □ □	5km 성공 모레 크루들과 함께 달릴 예정이라 너무 무리하지 않았다
6	휴식	□ □ □	넷플릭스에 찜콩 👀 해둔 「에밀리, 파리에 가다」 정주행 시작 ♡

■ 블럭식스 플래너로 성공적인 오늘을 보내는 Step 3

Step 1 하루 6블럭에 6개의 핵심 단어 적기

당신의 오늘이 어떻게 흘러갈 것인지 상상해보세요. 그리고 6개의 핵심 단어를 뽑아보세요. '퇴근 후 이동', '저녁 먹기', '씻기'처럼 계획하지 않아도 자연스럽게 하게 되는 것보다는 '독서', '운동'처럼 애써 챙기지 않으면 하기 힘든 것들을 핵심 단어로 꺼내는 것을 추천합니다. 이렇게 하는 것만으로도 하루의 강-약-중강-약 중에 '강'만 뽑은 셈이 되지요. 또한, 핵심 단어만 뽑은 각 블럭들 사이에도 '강-약'을 찾아보세요. 기록에 익숙하지 않은 사람은 1단계만이라도 꾸준히 해보길 바랍니다. 혹, 계획이 어려운 사람들은 하루가 끝나고 나서 6블럭을 적어보는 것으로 시작해도 좋습니다!

Step 2 각 블럭 안에서 해야 할 투두(To-do) 리스트 적기

생각나는 대로 투두 리스트를 쭉 적고 지워가는 형식으로 하루를 살고 있지는 않았나요? 이제는 블럭을 먼저 나누고, 그 안에서의 투두 리스트를 적어보세요. 2단계는 아침에 한번에 다 적어도 좋고, 각 블럭이 시작하기 전에 적어도 좋습니다.

Step 3 각 블럭에 대한 피드백하기

계획-실천-점검의 가장 작은 사이클입니다. 각 블럭에 대한 시간이 지나고 난 후, 느낀 점, 이슈 등을 적어보세요. 매 블럭마다 하기 힘들다면 자기 전에 시간을 내어 한번에 하루를 돌아보거나, 점심 먹기 전 한 번, 저녁 먹기 전 한 번, 자기 전 한 번 하루 세 번 정도 피드백해보는 것을 추천합니다. 이 작은 피드백이 모여 내가 언제 집중이 잘되는지, 어떤 상황에서 업무 효율이 떨어지는지, 왜 계획을 지키기 어려웠는지를 알게 됩니다. 그리고 더 나은 계획을 세우게 됩니다.

하루 6블럭으로 '계획-실천-점검'하는
레볼루션 시스템 만들기

블럭식스로 시간을 시각화하는 것이 〈블럭식스 시간 관리 시스템〉에서 '블럭식스' 부분을 맡고 있다면, 계획-실천-점검의 사이클 개념은 '시스템'에 해당하는 부분입니다. 하루를 6블럭으로 나누어 시각화하는 것만큼 중요한 것이 블럭식스를 통해 계획-실천-점검의 사이클을 멈추지 않고 굴리는 것입니다. 작은 눈송이가 쌓여 큰 눈덩이 같은 변화를 가져다줄 것입니다.

"계획-실천-점검 사이클을 통해
나에게 맞는 시간 패턴을 찾게 되었어요"

PLAN   WEEKLY PAGE
매주 42블럭의 계획을 세우는 것으로
내 인생의 방향성을 설계하고

DO   DAILY PAGE
하루 6블럭을 더 상세히 계획하고 실천하며

CHECK   WEEKLY ONE PAGE REVIEW
한 주의 성과와 감정을 돌아보고
다음 주를 더 잘 살아갈 수 있도록 돕습니다.

1 | *PLAN* 일주일 계획하기

'하루하루 열심히는 사는데, 이게 맞는 건가?'

만약 이런 생각이 오랫동안 들었다면 당신은 숲이 아닌 나무만 보고 있을 가능성이 높습니다. 우리는 숲과 나무를 함께 봐야 합니다. 이를 위한 가장 좋은 방법으로, 블럭식스 플래너는 일주일의 계획 세우기를 중요하게 생각합니다.

일주일은 미래와 현재를 함께 볼 수 있는 가장 좋은 기간입니다. 삶의 균형을 챙길 수 있으면서도, 매일 해야 할 것들을 현실성 있게 행동으로도 바꿀 수 있지요. 나무와 숲을 한번에 조망할 수 있는 적절한 거리이기도 합니다.

일주일 계획을 세우기 시작한 사람들의 목소리

"일주일을 계획해보는 시간을 가지며 더 이상 월요일이 두렵지 않게 되었어요."

"일주일 단위로 삶의 밸런스를 생각하는 시간이 매우 소중해요. 바쁘다는 이유로 저를 위한 시간은 포기하고 산 지 오래인데, 일주일에 조금이라도 나만을 위한 블럭을 만들어내니 이것이 저를 얼마나 활기차게 만드는지 몰라요!"

1   일주일의 42블럭 안에 일, 수업, 약속 등 고정된 일정을 적어주세요. 일, 수업
    등과 같이 필수로 할애해야 하는 블럭의 개수와 그 외 자유롭게 활용 가능한
    블럭을 분리해보세요.
2   나머지 블럭에 하고 싶은 것들을 써넣어보세요. 운동, 영화 보기,
    배우고 싶은 분야의 강의 듣기, 휴식, 여행 등 무엇이든 좋습니다.
3   당신이 이번 주에 제대로 해내고 싶거나, 즐기고 싶은 것에 충분한 시간 블럭
    이 할애되어 있나요? 당신이 만족하는 밸런스를 찾을 때까지 우선순위가 상
    대적으로 낮은 일에 할애된 시간 블럭을 비우고, 더 중요한 것을 선택하세요.

	MON	TUE	WED	THU	FRI	SAT	SUN
1	모닝루틴	모닝루틴	모닝루틴	모닝루틴	모닝루틴	타블·크 줌 모임	늦잠
2	회사	회사	회사	회사	회사	휴식	자유
3	회사	회사	회사	회사	회사	결혼식 참석	자유
4	회사	회사	회사	회사	회사	결혼식 참석	자유
5	운동	야근	운동	운동	친구	운동	자유
6	휴식	휴식	독서	독서	친구	휴식	자유

가용 블럭			27 / 42		
	계획	실천		계획	실천
모닝루틴	5		타·블·크	1	
운동	4		자유	5	
휴식	7				
친구	4				
업무	1				

STEP 2 블럭을 비우고 선택하기

가용 블럭이란 자유롭게 활용 가능한 블럭을 뜻합니다. 당신의 가용 블럭은 몇 개인가요? 주간 계획에 적은 블럭을 비슷한 것끼리 카테고리 지어줍니다. 어떤 블럭에 얼마만큼의 시간이 쓰이고 있나요? 내가 원하는 삶의 방향과도 일치하나요? 스스로 만족할 만한 일주일이 될 수 있도록 블럭을 비우고, 선택하며 재배치해보세요.

STEP 3 CORE BLOCK

그냥 바쁘기만 한 삶에서 벗어나기 위해서 우리에게 반드시 필요한 것! 우리가 어디에 집중해야 할지를 정해두는 것. 그것이 바로 '코어 블럭'입니다.

　일, 휴식, 공부, 운동, 요리 등 다양한 블럭으로 꾸려진 우리의 일주일! 그중에서 이번 주에 무슨 일이 있어도 가장 지켜내고 싶은 종류의 블럭은 무엇인가요? 코어 블럭은 딱 하나만 정하기를 권

PRE-CHECK LIST

☐ 이번 주 CORE BLOCK: 모닝루틴 읽기

☐ 목표를 달성하기 위한 타임블럭 개수: 3/5

☐ 목표를 위한 타임블럭 양이 (충분) 적당 부족

☐ 목표를 위한 타임블럭 양이 부족하다고 생각한다면

　☑ 더 비워낼 수 있는 블럭은 없나요?

　☑ 목표 수정이 필요한가요?

합니다. 코어 블럭이 내가 원하는 정도로 충분히 할애되었는지, 그렇지 못하다면 더 만들어낼 수 있는 방법은 없는지 생각해보세요. 경우에 따라 목표를 수정해야 할 수도 있을 겁니다. 이 과정은 현실성 있는 목표가 되도록 도와줍니다.

2 | *DO* 실행하기

■ 실행력 올리는 4단계

실천력을 높이는 방법은 많습니다. 목표를 작게 쪼개기, 멀티테스킹 하지 않기, 타임라인 세우기 등등 말이지요. 그중에서 가장 효과적인 '실행력 올리는 4단계' 를 알려드릴게요.

> **Step 1. 상상하고**
> **Step 2. 기록하고**
> **Step 3. 자주 보고**
> **Step 4. 그냥 하자!**

저는 이 4단계를 항상 노래처럼 중얼거립니다. "상상하고, 기록하고, 자주 보고, 그냥 하자!" 이 플래너에 여러분들의 꿈이 가득하도록 기록한 뒤, 잊지 않게 자주 보았으면 합니다. 그리고 그 목표 대부분이 완료되어 기쁜 마음으로 밑줄 그어진 플래너가 되었으면 합니다.

이 4단계 중 세 번째 단계인 '자주 보기'에 대해 조금 더 자세히 이야기해볼게요. 하루에 딱 세 번만 플래너를 펼쳐보도록 합시다. 하루를 본격적으로 시작하기 전에 한 번, 점심 먹고 한 번, 저녁 먹고 한 번. 이렇게 세 번만 보는 것만으로도 당신의 실천력이 훨씬 업그레이드될 거예요!

■ 하루 세 번 플래너를 펼쳐본다면 당신이 얻을 수 있는 것

1. RESET 다시 시작한다는 마음이 들게 합니다. 이전 시간을 어떻게 보냈더라도

지금부터 다시 시작이라는 기분이 들게 합니다. 시작은 언제나 기분 좋은 약간의 떨림을 동반하지요!

2. INSIGHT 내가 어느 지점에 와 있는지 알게 됩니다. 잠시 다른 길로 샜다 하더라도 플래너를 보는 순간 키보드 위로 다시 손이 가고, 허리를 바로 세워 앉게 됩니다. 이것이 할 일과 타임라인을 눈으로 확인하는 것의 힘이지요.

3. RE-PLANNING 중간 수정을 할 기회가 생깁니다. 이유가 무엇이든 간에, 애초에 처음 계획한 대로 완벽히 끝낸다는 것은 불가능한 것을 꿈꾸고 있는 것일지도 모릅니다. 그렇기 때문에 우리는 '수정할 기회'를 가지는 것이 정말 중요합니다.

3 | *CHECK* 1페이지로 매일, 매주, 한 달을 점검하기

블럭식스 플래너의 또 하나의 자랑! 바로 ONE PAGE REVIEW입니다. 단 1페이지로 매일, 매주, 한달을 점검하도록 구성되어 있습니다. 매일 점검은 그날 하루 있었던 일과 나의 감정에 초점을 맞추어 점검하고, 매주 점검은 코어 블럭 수행에 대한 심도 있는 점검과 감정을 모아서 보는 시간입니다.

■ 매일 점검

매일 잠들기 전 단 5분만 플래너를 펴주세요. 데일리 페이지의 오른쪽 영역에는 오늘 하루 있었던 일들에 대한 평가를 해보세요. 어떤 것이든 좋습니다. 보통 '일'과 관련된 내용이 주로 들어갈 겁니다.

그리고, 우측 아래에는 오늘 있었던 일을 GOOD/BAD로 적는 칸이 마련되어 있습니다. 이 영역에서는 그날의 나의 감정을 들여다봅시다. 간단히 해도 좋아요. 내가 어떤 부분에 행복을 느꼈는지, 고마움을 느꼈는지, 희열을 느꼈는지를 남겨보세요. 시간 관리는 이성적인 영역처럼 느껴지지만, 실제로는 감정에 매우 많은 영향을 받습니다. 그리고 어떤 부분에서 힘들었고, 미안했고, 슬펐는지도 남겨보세요. 우리의 감정은 강력한 에너지를 가지고 있습니다. 내 감정이 어디에서 왔고 어디로 흘러가는지를 계속 들여다보는 연습을 한다면, 우리는 좀 더 나은 하루를 보낼 수 있을 겁니다.

#			
1	모닝루틴	☐ 체중 측정 / 물 한잔 / 5분 스트레칭 ☑ 신문 읽기 ☑ '쓸쓸하하' 크게 외치기	늦잠자는 바람에 스트레칭을 하지 못했다♡ ↳내일부터 꾸준히 ☺ 오늘의 주요 뉴스 키워드 : 메타버스, 탄소중립 (2050 시나리오 확정⁵)
2	회사	☑ 오늘의 우선순위 업무 정하기 ☑ 이메일 확인 및 회신 ☑ 프로젝트 세부전략 수립	완전한 몰입 성공 ♡ → 초안 완성!
3	회사	☑ 기안 작성 (결재 후 발송까지 ♩) ☑ 회의실 예약 및 공지 (10/26, 15:00) ☑ 프로젝트 진행일정 상의	기안문 작성에 예상보다 많은 시간 소요 정대표님과 통화함 (대략 11월 둘째주 쯤)
4	회사	☐ 외근 (발주처 대리님 meet) 취소! ☑ 부장님과 면담 예정 ☐	갑작스러운 면담 요청에 살짝 걱정됐는데, 잘 하고 있다는 격려와 함께 올해 인사고과 도 잘 나올것 같다는 말씀까지 ⁓ 오예!
5	운동	☐ 한강공원 8km 러닝 ↳과연 해낼수 있을까 ⊙ ☐	5km 성공 모레 크루들과 함께 달릴 예정이라 너무 무리하지 않았다
6	휴식	☐ ☐ ☐	넷플릭스에 찜콩 📺 해둔 「에밀리, 파리에 가다」 정주행 시작 ♡

MEMO
· 관리비 & 월세 이체하기 · 곧 다가오는 엄마생신 준비   ↳식당예약 / 선물 (동생들과 상의) · 다음엔 어떤 책을 볼까? 교보문고 GO GO!

GOOD
· 원과장님과 함께 점심식사 & 커피한잔
  ↳늘 따뜻하게 대해주시고 배울점도 많은 멋진 분 ☺

BAD
· 늦잠 자서 택시타고 출근 ⁓
  ↳불필요한 지출..

NEXT
· 크루들과 함께하는 러닝, 기대돼 ⁓

■ 주간 ONE PAGE REVIEW

매주 주말에 한 주를 돌아보는 나만의 시간을 가져보세요. 주간 점검의 핵심은 2가지입니다. 먼저, 코어 블럭에 대한 실행 정도에 대한 이유를 상세히 들여다보는 것입니다. 바로 떠오른 이유에서 멈추지 말고 한 번 더 '왜?'라고 물어보세요. 진짜 이유를 찾으면 다음 주는 더 좋은 계획을 세우고, 수월하게 실천할 수 있을 거예요! 두 번째는 일주일 동안 적었던 나의 감정을 몰아서 살펴보는 것입니다. 우리는 프로그래밍된 대로 움직이는 로봇이 아닌, 상당히 많은 요인에 영향을 받는 유기체입니다. 내가 주로 어떤 것에 기뻐하고 어떤 것에 힘들어하는지 알아가세요. 나의 감정을 살피는 것이 시간 관리에도 생각보다 큰 영향을 미칠 겁니다.

1 Weekly page로 돌아가서 계획 대비 실행 여부를 점검해봅시다.

2 Core Block 달성도를 점검해보고, 그 이유에 대해 생각해봅시다.

이번주 Core Block: 모닝루틴

• 외부 요인:

• 신체적 요인: 지난 주 , 잦은 야근으로 체력이 바닥남 💡 so tired 🥺

• 심리적 요인: '늦게 잤으니..' 하며 잠들기 전 부터 일찍 일어나지 않을 핑계를 생각 ˝

• 기타 요인: 실제로 늦게 잠 (일 언제 끝나지..?)

3 일주일간 느낀 나의 감정을 되돌아 봅시다

	GOOD	BAD
월	자전거 타기는 정말 재미있고 행복해	엄마 마음 다 알면서도 투덜투덜.. 엄마 ☹ 죄송해요
화	프로젝트 기획서가 술술😊 선택과 집중	nope !
수	가이에게 감사했던 하루♡ Thanks !	바쁜 업무로 나 자신을 너무 다그친 하루 ..
목	독서모임에서의 진지하고 열띤 토론😄 뿌듯뿌듯	저녁 먹고 바로 잠 들어버렸다 ▲
금	아침에 세운 모든 계획을 다 이룬 오늘 !!	친구에게 말실수를 한 것 같다. 사과해야지..
토	조카와 함께 시간 보내기˚ 몸은 힘들지만 행복해	불닭볶음면 먹고 배탈이 ﹣ㅠ 자극적인 음식 ✗
일	집콕 & 뒹굴뒹굴 휴식 편하고 행복한 재충전의 시간	nope ☺
키워드	#사랑들과의 관계 #행복	#대화

4 점검을 통해 알게 된 점 & 다음 주 계획에 반영해야 할 점은 무엇인가요?

나 스스로에게도 타인에게도 대화의 기술이 부족한 것 같다. 마음은 그게 아닌데 ..

다음 주엔 말 하기 전 한번 더 생각하고 고민해야지 ☺ 의사소통 관련 책도 읽어야겠다
+ 아침 기상에 신경쓰자 !

5 일주일 동안 수고한 나에게 어떤 선물을 주고 싶나요?

다음주엔 휴식 블럭을 좀 더 늘려야지 ☺ 금요일 저녁에 마사지 예약 🐷

■ 한 달 ONE PAGE REVIEW

한 달 리뷰는 내 삶의 균형을 점검해보는 것에 초점이 맞추어져 있습니다. 한 달 동안 차곡차곡 써온 플래너와 핸드폰을 준비해주세요. 핸드폰 사진첩에는 플래너만큼의 많은 추억들이 들어 있으니까요. 그 둘을 살펴보면서 각각의 영역에 한 달 동안 있었던 일들을 적어보세요. 별것 한 것 없이 흘러간 한 달 같았지만, 상당히 의미 있는 시간이 많았음을 알게 될 겁니다. 그리고 가운데 다이아몬드 모양 부분에 각 영역의 점수를 주관적으로 매겨보세요. 그렇게 이번 달 삶의 균형을 살펴보면, 자연스럽게 다음 달을 어떻게 보내고 싶은지, 그 방향성이 구체화됩니다. 매달 해나가면서 다이아몬드의 크기와 균형이 어떻게 달라지는지 살펴보는 것도 재미있을 겁니다.

BLOCK 6 MONTHLY ONE PAGE REVIEW

일 Working

1) 야근이 정말 많았던 한달
: 모든 프로젝트가 한번에 몰림 ㅠ
예상은 했지만 정~말 바쁘고 힘들었다.
(물론! 무사히 잘 끝났지만!!)
미리 좀 해둘 수 있는 부분은 없었을까..?

2) 평정을 유지 & 업무 처리 시 감정을 배제 :)
: 이번 달은 근무하면서 짜증을 내지 않기로 다짐 ^^
했었는데 잘 지킨 것 같다. 나이스 >o<

3) 출근 시간에 딱 맞추어 회사 도착
: 30분 정도 일찍 가서 혼자 정리하는 시간을 가지고
싶었지만 그러지 못했다.
야근이 많았으니 뭐 ㅠ-ㅠ

사회 Social

1) 내 친구 수연이 결혼 ♡
: 신부입장 하는 순간부터 눈물이 ㅎㅎ

2) 고등학교 때 담임선생님 찾아뵙기
: 그 언제나처럼 따스하게 맞아주시고 많은 지지를 해주셔서
너무 감사했다. 아직까지도 정말 여운이 오래가는
만남이었다.

3) 육방모임
: 함께 있으면 언제나 행복한 육방 >_< 정말 든든하다!!
지나언니표 김치전은 늘 그렇듯이 최고최고!

4) 908 모임
: 너무나 오랜만에 만난 친구들 ♡
바쁜 일상에 연락을 자주하진 못해도 마음 깊은 곳
자리잡고 있는 너희들이 있어 늘 힘이나 :)
이야기 나누느라 시간가는 줄 모름 ㅋㅋ

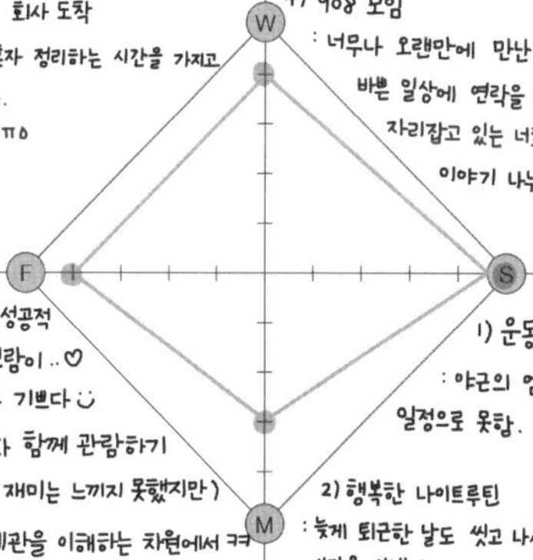

가족 Family

1) 엄마 생신파티 feat. 성공적
: 동생과 열심히 준비한 보람이.. ♡
엄마가 좋아하셔서 너무 기쁘다 :)

2) 남편이 보고싶어하는 영화 함께 관람하기
: 이터널스 ^^ (사실 나는 큰 재미는 느끼지 못했지만)
남편의 최애인 마블 세계관을 이해하는 차원에서 ㅋㅋ

3) 조카들과 키즈카페 ♪
: 하루하루 너무 빨리 자라는 것 같아 괜히(?) 아쉽다.
소중한 추억을 만들었다 ♡

4) 남편과 주 2회 함께 운동
: 벌써 두달째! 같이 무언가 해나간다는게 뿌듯 ^^

5) 부부싸움
: 지나고 나면 별것 아닌데.. 순간의 섭섭함과 자존심으로
차분한 대화가 어려웠다. 앞으로 이런 상황이 반복된다면
어떻게 헤쳐나가야 할까?

나 Me

1) 운동을 거의 하지 못함
: 야근의 엄청난 영향 ㄷㄷ.. 주말엔 꽉찬
일정으로 못함. 틈새운동도 잘 하지 못했네 ㅠ

2) 행복한 나이트루틴
: 늦게 퇴근한 날도 씻고 나서 고요히 나만의 나이트루틴
시간을 보냈다.
이 시간이 있어 한달간 나름 평정심을 잘 유지했다고 생각
거듭해 나갈수록 점점 단단해지는 나의 나이트 루틴 ☆

3) 주말에 너무 많은 일정 & 약속들로 혼자만의 시간 부족
: 친구들을 만난건 너무 행복하고 즐거웠지만 한 주를 정리
하고 재충전을 할 수 있는 시간이 없어 월요일을 허둥지둥
보낸 느낌이었다.

본격적인 플래너 쓰기

1 │ 3개월 목표를 현실로 만들기 위한 중요한 질문

3개월 후 당신이 이루고 싶은 목표는 무엇인가요? 당신의 3개월 후를 떠올렸을 때, 무엇을 이루어내고 행복해하고 있나요? 그 기분 좋은 상상을 현실로 만들기 위한 중요한 질문입니다. 3개월 후 당신의 모습을 상상했다면, 그것을 위해 이번 달에는 목표 달성을 위한 어느 지점에 도달해 있을지 더 가까운 미래를 떠올려봅시다. 그것을 위해 이번 주에는 무엇을 할 계획인가요? 그렇다면 오늘 당신이 해야 할 일은 무엇인가요?

3개월 목표 1:
    └ 1개월 목표:
        └ 1주차 목표:
            └ 오늘의 목표:

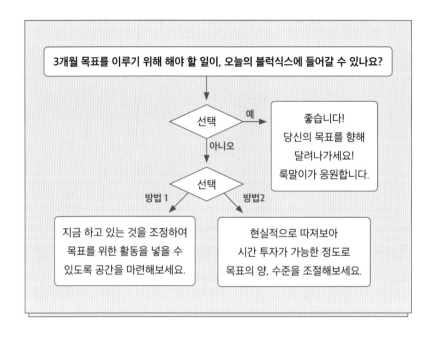

2 │ 쓸데없는 것 줄이고, 하고 싶은 것 하자

하고 싶은 것이 있다면 그것에 시간, 에너지, 돈을 집중적으로 투입하는 것이 중요합니다. 당신은 지금 당신이 가진 시간, 체력, 돈으로 당신이 원하는 것을 향해 충분히 나아갈 수 있습니다. 단, 목표로 가는 길 도중에 몸에 좋지 않은 군것질과 일시적인 유흥거리에 당신의 소중한 에너지를 빼앗기지 마세요. 당신이 원하는 것을 즐기기 위해서만 당신의 소중한 에너지를 사용하세요. 당신의 꿈이 소중할수록 말이죠.

■ 쓸데없는 것 줄이기

하고 싶은 것을 하는 과정에서 비워내야 하는 쓸데없는 것을 적고, 실천해봅시다. 비워야 하는 것을 발견할 때마다 이 페이지로 돌아와서 그것을 적고, 이를 행동으로 옮길 수 있는 문장으로 바꾸어보세요.

· 예) SNS 사용 줄이기	···▸	인스타그램 하루 30분으로 제한하기.
· 예) 일어나지 않을 일 걱정하지 않기	···▸	걱정이 들면, 머리 세 번 흔들고 바로 빠져나오기.
·	···▸	
·	···▸	
·	···▸	
·	···▸	
·	···▸	
·	···▸	
·	···▸	
·	···▸	
·	···▸	
·	···▸	
·	···▸	
·	···▸	

■ 하고 싶은 것 하자

3개월, 즉 100일은 곰이 사람이 되는 시간인 만큼, 하고 싶은 무언가를 해볼 수 있는 충분한 시간입니다. 제대로 해내고 싶은 일이 있나요? 시간이 없어서, 용기가 없어서 생각만 하고 있는 것들이 있나요? 그것들을 큰 것부터 소소한 것들까지 생각날 때마다 이 페이지로 돌아와서 모두 적어보세요. 내가 하고 싶은 것을 분명하게 알아가는 것, 그것부터가 하고 싶은 삶을 사는 첫걸음입니다.

하고 싶은 일	하하 Day(하고 싶은 것 하는 날)
• 예) 엄마랑 1박 2일 여행 가기	2021 / 12 / 1
• 예) 100일 후 유튜브 구독자 1만 되기	2022 / 2 / 9
•	
•	
•	
•	
•	
•	
•	
•	
•	

내 시간을 한눈에 보여주는 플래너

'N잡러'로서 여러 가지 일과 수업 등을 듣다 보니 점점 시간에 나를 맞추게 되더라고요. '시간에 끌려다는 사람이 아니라 지배하는 사람이 되고 싶다'라는 생각으로 다양한 시간 관리 수업을 들었는데 저와 잘 맞는 것을 찾지 못했어요. '내 시간을 한눈에 보고 싶다'는 생각을 하다가 블럭식스를 만났는데 하루를 6블럭을 쪼개니 시간별대로 관리해야 한다는 압박도 줄고 내 시간을 어떻게 보내고 있는지가 눈에 들어오기 시작했어요. 제일 충격적이었던 것은 휴식할 수 있는 시간이 단 한 블럭도 없었다는 것입니다. 이것저것 다 하고 싶고, 요청이 들어오면 다 받아서 하려고 했던 제 모습이 그대로 보이는 것 같았어요. 블럭식스와 함께하며 가장 큰 변화는 쓸·줄·하·하를 통해서 정말 내게 필요한 것이 무엇인지 알게 되고, 어떤 것부터 해야 할지 알게 되었다는 점입니다. 그러다 보니 나답게 사는 삶이 무엇인지 알게 되고, 나를 믿어주는 삶을 살게 되었습니다. 퇴근 후에 제2의 직업을 준비하는 과정이 이제는 전처럼 부담스럽지 않고, 할 수 있는 만큼 하다 보니 즐거워집니다. 앞으로도 블럭식스와 함께 정말 제가 좋아하는 일이 제1의 직업이 될 수 있는 그날까지 열심히 쓸·줄·하·하를 실천하렵니다. 블럭식스와 함께해서 든든합니다.

- 이로운 님

할 수 있는 계획을 세우게 됩니다

7월부터 약 4개월 동안 사용해봤습니다. 제가 뽑은 블럭식스의 장점은 "다 잘하고 싶은 욕심을 내려놓고 지킬 수 있는 계획을 세우게 된다"라는 점 같아요. 처음에는 하고잡이로 이것저것 해보고자 여러 블럭을 채워봤는데, 계획대로 잘되지 않아 시행착오도 겪으면서 '내가 할 수 있는 것'과 '내가 하고 싶은 것'의 밸런스를 찾아갔어요. 요즘은 플래너를 받으면 월간 스케줄을 쭉 적어 4주간의 여유를 가늠하고 이번 주 주간 계획과 데일리 페이지를 한번에 적어둡니다. 그렇게 하면 월요일에 한 주가 다 보이니 쫓기는 기분은 줄고 잘하고 있다는 자신감이 채워집니다. 육아로 정신없던 삶에 운동과 데이트, 자기계발 시간이 생겼다고 하면 더 이상 말이 필요할까요? 다른 분들에게도 블럭식스를 강력하게 추천합니다. 당장 도전해보세요!

- 박엔비 님

한 번도 플래너를 끝까지 써본 적 없는 내게 생긴 기적!

태어나서 50년 동안 플래너를 2주 이상 써본 적 없던 제가 '블럭식스'를 만나고 서는, 6권이나 되는 플래너를 다 쓰는 기적을 이뤘습니다. 단순히 하루를 기록하는 플래너가 아니고 시간을 선택하고 집중하는 방법을 배운 덕에 하고 싶은 것을 하는 시간을 많이 만들게 되었어요. 덕분에 인생 2막을 다시 시작하는 터닝포인트를 맞이하게 되었습니다. 혼자가 아니라 타임블럭크루가 맺어준 소중한 인연들과 함께했기에 가능했다고 생각합니다. 하고 싶은 건 정말 많은데 시간이 없는 분들! 한 번도 플래너를 끝까지 써보지 못한 분들! 고민하지 마시고 일단 시작해보세요. 기적을 경험하게 될 겁니다!

- 희천언니 님

매 순간 바쁜 워킹맘 동지들에게 꼭 추천합니다

새벽에 눈뜨면 아이를 들쳐 업고 출근하는 워킹맘으로 살면서 (크게 나쁜 일은 없지만) 늘 어딘가 불만족스럽게 생활해왔어요. 블럭식스 플래너를 쓰기 시작하면서부터는 똑같은 일을 하더라도 더 만족감 있게 대할 수 있었습니다. 나도 모르게 버려지고 있던 시간을 찾아 나만의 시간으로 활용하며 하루하루를 만족스럽게 살아내는 방법을 익힌 덕분입니다. 내가 하루의 주인이 되었다는 주인의식을 안겨주고, 내일을 기대하며 잠들 수 있는 원동력이 되어주는 블럭식스! 가족과 아이를 위해 매 순간 바쁘게 생활하는 워킹맘 동지들에게 꼭 추천하고 싶어요.

- 윤윤 님

뜬구름 잡기 식 계획 세우기는 이제 그만

예전에는 하고 싶은 일이 생기면 뜬구름 잡기 식으로 하다 보니 흐지부지되곤 했습니다. 그런데 룩말 님 강의를 듣고 나서부터는 지금 내가 하고 있는 일도, 하고 싶은 일도 정확히 블럭 단위로 나눠 보니 가시화가 됐고, 그 목표를 이루기 위해서는 몇 블럭을 할애하면 충분히 이룰 수 있는지 알게 되어 자신감도 생겼습니다. 성공을 위해 제일 중요한 건 나의 습관이며, 나의 패턴을 알아야 한다는 걸 매우 잘 알게 됐습니다. 예전에는 공허한 시간을 그저 휘젓는 느낌이었는데 지금은 시간을 가시화할 수 있어 내가 쓸 수 있는 시간을 직접 손으로 만질 수 있게 되었습니다. 하루하루가 알차고 행복합니다. 36년간 이렇게 기쁜 날이 또 없습니다.

- 또바기 님

인생을 바꾸고 싶다면, 블럭식스를 쓰세요!

지난 10개월간 블럭식스 플래너를 써오며 인생이 완전히 바뀌었습니다. 늘 바쁘다고 말하지만, 실제로는 쓸데없는 것에 시간을 펑펑 쓰며 살았던 제 하루가 적나라하게 기록되거든요. 블럭식스는 시간을 선택하고 지배할 수 있게 해주는 멋진 도구입니다. 집과 회사만 오갔던 제 하루가 블럭식스를 통해 새벽 기상, 독서, 운동, 신문, 영어 공부로 가득하니 인생이 바뀌지 않을 수가 있나요?

- 룰루솔 님

나에게 딱 맞는 미니멀한 시간 관리법

시간 단위로 짜인 구체적인 계획을 힘들어하는 성향이었던 저에게 미니멀한 시간 관리법인 블럭식스는 제 삶의 우선순위를 찾고, 시간을 효율적으로 사용하는데 큰 도움이 되었습니다. 무엇보다 제 시간을 주도적으로 사용한다는 점이 굉장한 자신감과 뿌듯함을 주었습니다. 그리고 이용자들의 의견을 반영하여 계속 업그레이드하며, 많은 사람들이 자신의 꿈과 목표를 향해 시간을 선택하며 살아갈 수 있도록 도와주는 플래너입니다! 낭비되는 시간은 줄이고, 실행력을 높이고 싶다면 블럭식스와 함께하세요.

- 그린쓰 님

퇴사 이후 불안했던 마음이 사라지고 자신감을 얻었어요

시간 관리를 홀로 해야 하는 '퇴사러'입니다. 하고 싶은 건 많지만 뭐부터 해야 할지 몰라 닥치는 대로 하고 싶은 걸 했는데, '내가 잘하고 있는 건가?' 하는 불안함이 따라오더라고요. 블럭식스 플래너를 사용한 이후에는 스스로 계획하고, 실행하고, 수정한 흔적들이 플래너에 차곡차곡 쌓이다 보니 나에게 가장 중요한 일이 무엇인지 알게 됐습니다. 또, 무엇이 내 의지를 방해하는지도 시간이 갈수록 선명해졌어요. '아, 나도 시간을 선택해서 하고 싶은 건 뭐든 할 수 있구나!'라는 확신이 들었고, 이제 불안은 사라지고 자신감을 얻었어요.

- 코요 님

그 많은 다이어리를 써봐도 느껴본 적 없던 성취감!

텐미닛 다이어리, 투두 리스트, 스타벅스 다이어리 등등… 그동안 정말 많은 다이어리를 써봤습니다. 그런데 전부 하루 이틀 작성하다 포기했어요. 왜냐? 너무 복잡하고 작성할 게 많았거든요. 이미 작성하기 전부터 엄두가 안 났어요. 그렇지만 블럭식스 플래너는 하루에 6개만 생각하면 되니 단순해서 좋았습니다. '어? 나 평범한 하루를 보낸 것 같았는데 6개 블럭에 전부 동그라미가?' 어디에서도 이런 성취감을 느낄 수 없었어요. 할 게 많은데 6개 블럭은 너무 적지 않느냐고 생각하시는 분들이 계시다면 일단 써보세요. 일주일 42개 블럭 안에 나의 할 일이 테트리스처럼 딱딱 맞아가는 맛을 느껴볼 수 있을 거예요!

- 꼬운 님

바쁜 일상 중 소중한 행복을 발견하게 해준 플래너

워킹맘으로 아침부터 저녁까지 늘 바쁘게 살다 보면 열심히 살아도 저에게 남는 건 없는 것처럼 느껴졌습니다. 그러다 몇 달 전에 블럭식스 플래너를 만났고, 룩말 님 강의를 들으며 제 하루를 써내려갔습니다. 한 글자씩 써내려갈 때마다 저의 마음이 보였고, 무심코 지나쳤던 소중한 일상이 눈에 들어오기 시작했습니다. 몸은 여전히 바쁘고 지치는 날이 많지만, 지금은 이 순간 제 곁에 있는 행복을 만끽하게 되었습니다. 블럭식스가 제 행복 블럭을 채워주었어요.

- 아임러블리 님

BLOCK

6

1

Month

새로운 시도로 매일매일이

설레는 ___ 월

SUN	MON	TUE	WED

THU	FRI	SAT	

룩말이 전하는 이번 주 명언

자아는 이미 만들어진 것이 아니라
선택을 통해 계속 만들어가는 것이다.

The self is not something ready-made, but something in
continuous formation through choice of action.

| 존 듀이John Dewey |
철학자·교육학자, 1859~1952

1

Week

#쓸줄하하
#새로운 도전
#강한 의지

	MON	TUE	WED	THU	FRI	SAT	SUN
1							
2							
3							
4							
5							
6							

PRE-CHECK LIST

☐ 이번 주 CORE BLOCK:

☐ 목표를 달성하기 위한 타임블럭 개수:

☐ 목표를 위한 타임블럭 양이 (충분)(적당)(부족)

☐ 목표를 위한 타임블럭 양이 부족한다고 생각한다면

　　☐ 더 비워낼 수 있는 블럭은 없나요?

　　☐ 목표 수정이 필요한가요?

가용 블럭			/ 42	
	계획	실천	계획	실천

MEMO

CORE BLOCK						PLAN		ACTION	

CORE BLOCK						PLAN		ACTION	

/	MON		
1		☐ ☐ ☐	
2		☐ ☐ ☐	
3		☐ ☐ ☐	
4		☐ ☐ ☐	
5		☐ ☐ ☐	
6		☐ ☐ ☐	

MEMO

GOOD

BAD

NEXT

	TUE		
1		☐ ☐ ☐	
2		☐ ☐ ☐	
3		☐ ☐ ☐	
4		☐ ☐ ☐	
5		☐ ☐ ☐	
6		☐ ☐ ☐	

MEMO

GOOD

BAD

NEXT

	WED	
1		□
		□
		□
2		□
		□
		□
3		□
		□
		□
4		□
		□
		□
5		□
		□
		□
6		□
		□
		□

MEMO

GOOD

BAD

NEXT

/	THU	
1		☐ ☐ ☐
2		☐ ☐ ☐
3		☐ ☐ ☐
4		☐ ☐ ☐
5		☐ ☐ ☐
6		☐ ☐ ☐

MEMO

GOOD

BAD

NEXT

/	FRI		
1		☐ ☐ ☐	
2		☐ ☐ ☐	
3		☐ ☐ ☐	
4		☐ ☐ ☐	
5		☐ ☐ ☐	
6		☐ ☐ ☐	

MEMO

GOOD

BAD

NEXT

/	SAT	
1		☐ ☐ ☐
2		☐ ☐ ☐
3		☐ ☐ ☐
4		☐ ☐ ☐
5		☐ ☐ ☐
6		☐ ☐ ☐

MEMO

GOOD

BAD

NEXT

/	**SUN**		
1		☐ ☐ ☐	
2		☐ ☐ ☐	
3		☐ ☐ ☐	
4		☐ ☐ ☐	
5		☐ ☐ ☐	
6		☐ ☐ ☐	

MEMO

GOOD

BAD

NEXT

BLOCK 6 ◈ WEEKLY ONE PAGE REVIEW

1 Weekly page로 돌아가서 계획 대비 실행 여부를 점검해봅시다.

2 Core Block 달성도를 점검해보고, 그 이유에 대해 생각해봅시다.

이번주 Core Block: _____

• 외부 요인: _____

• 신체적 요인: _____

• 심리적 요인: _____

• 기타 요인: _____

3 일주일간 느낀 나의 감정을 되돌아봅시다.

	GOOD	*BAD*
월		
화		
수		
목		
금		
토		
일		
키워드	#	#

4 점검을 통해 알게 된 점 & 다음 주 계획에 반영해야 할 점은 무엇인가요?

_____

_____

5 일주일 동안 수고한 나에게 어떤 선물을 주고 싶나요?

_____

룩말이 전하는 이번 주 명언

춤추는 별을 탄생시키려면
반드시 내면에 혼돈을 지니고 있어야 한다.

You need chaos in your soul to give birth to a dancing star.

| 존프리드리히 빌헬름 니체 Friedrich Wilhelm Nietzsche |

시인·철학자, 1844~1900

2

Week

#우선순위
#절제하는 힘
#시작하는 기쁨

	MON	TUE	WED	THU	FRI	SAT	SUN
1							
2							
3							
4							
5							
6							

PRE-CHECK LIST

☐ 이번 주 CORE BLOCK:

☐ 목표를 달성하기 위한 타임블럭 개수:

☐ 목표를 위한 타임블럭 양이 (충분)(적당)(부족)

☐ 목표를 위한 타임블럭 양이 부족한다고 생각한다면

　　☐ 더 비워낼 수 있는 블럭은 없나요?

　　☐ 목표 수정이 필요한가요?

가용 블럭				/42	
	계획	실천		계획	실천

MEMO

CORE BLOCK						PLAN		ACTION	

CORE BLOCK						PLAN		ACTION	

/	MON		
1		☐ ☐ ☐	
2		☐ ☐ ☐	
3		☐ ☐ ☐	
4		☐ ☐ ☐	
5		☐ ☐ ☐	
6		☐ ☐ ☐	

MEMO

GOOD

BAD

NEXT

/	TUE		
1		☐ ☐ ☐	
2		☐ ☐ ☐	
3		☐ ☐ ☐	
4		☐ ☐ ☐	
5		☐ ☐ ☐	
6		☐ ☐ ☐	

MEMO

GOOD

BAD

NEXT

/	WED

1		☐ ☐ ☐	
2		☐ ☐ ☐	
3		☐ ☐ ☐	
4		☐ ☐ ☐	
5		☐ ☐ ☐	
6		☐ ☐ ☐	

MEMO

GOOD

BAD

NEXT

／	**THU**		

1		☐ ☐ ☐	
2		☐ ☐ ☐	
3		☐ ☐ ☐	
4		☐ ☐ ☐	
5		☐ ☐ ☐	
6		☐ ☐ ☐	

MEMO

GOOD

BAD

NEXT

	FRI		
1		☐ ☐ ☐	
2		☐ ☐ ☐	
3		☐ ☐ ☐	
4		☐ ☐ ☐	
5		☐ ☐ ☐	
6		☐ ☐ ☐	

MEMO

GOOD

BAD

NEXT

/	SAT		
1		☐ ☐ ☐	
2		☐ ☐ ☐	
3		☐ ☐ ☐	
4		☐ ☐ ☐	
5		☐ ☐ ☐	
6		☐ ☐ ☐	

MEMO

GOOD

BAD

NEXT

/	SUN		
1		☐ ☐ ☐	
2		☐ ☐ ☐	
3		☐ ☐ ☐	
4		☐ ☐ ☐	
5		☐ ☐ ☐	
6		☐ ☐ ☐	

MEMO

GOOD

BAD

NEXT

BLOCK 6 ◼ WEEKLY ONE PAGE REVIEW

1 Weekly page로 돌아가서 계획 대비 실행 여부를 점검해봅시다.

2 Core Block 달성도를 점검해보고, 그 이유에 대해 생각해봅시다.

이번주 Core Block: _____

- 외부 요인: _____

- 신체적 요인: _____

- 심리적 요인: _____

- 기타 요인: _____

3 일주일간 느낀 나의 감정을 되돌아봅시다.

	GOOD	BAD
월		
화		
수		
목		
금		
토		
일		
키워드	#	#

4 점검을 통해 알게 된 점 & 다음 주 계획에 반영해야 할 점은 무엇인가요?

_____

_____

5 일주일 동안 수고한 나에게 어떤 선물을 주고 싶나요?

_____

룩말이 전하는 이번 주 명언

실수가 중요한 것처럼 결함도 중요하다.
당신은 실수를 함으로써 좋은 사람이 될 수 있고,
불완전함을 통해서만 진짜가 될 수 있다.

Think imperfections are important, Just as mistakes are important.
You only get to be good by making mistakes,
and you only get to be real by being imperfect.

| **줄리안 무어** Julianne Moore |

배우, 1960~

3

Week

#속도보다 방향
#실수해도 괜찮아
#느려도 괜찮아

	MON	TUE	WED	THU	FRI	SAT	SUN
1							
2							
3							
4							
5							
6							

PRE-CHECK LIST

☐ 이번 주 CORE BLOCK:

☐ 목표를 달성하기 위한 타임블럭 개수:

☐ 목표를 위한 타임블럭 양이 （충분）（적당）（부족）

☐ 목표를 위한 타임블럭 양이 부족한다고 생각한다면

   ☐ 더 비워낼 수 있는 블럭은 없나요?

   ☐ 목표 수정이 필요한가요?

가용 블럭				/ 42	
	계획	실천		계획	실천

MEMO

CORE BLOCK						PLAN		ACTION	

CORE BLOCK						PLAN		ACTION	

/	MON		
1		☐ ☐ ☐	
2		☐ ☐ ☐	
3		☐ ☐ ☐	
4		☐ ☐ ☐	
5		☐ ☐ ☐	
6		☐ ☐ ☐	

MEMO

GOOD

BAD

NEXT

/	TUE		
1		☐ ☐ ☐	
2		☐ ☐ ☐	
3		☐ ☐ ☐	
4		☐ ☐ ☐	
5		☐ ☐ ☐	
6		☐ ☐ ☐	

MEMO

GOOD

BAD

NEXT

/	**WED**

1
- ☐
- ☐
- ☐

2
- ☐
- ☐
- ☐

3
- ☐
- ☐
- ☐

4
- ☐
- ☐
- ☐

5
- ☐
- ☐
- ☐

6
- ☐
- ☐
- ☐

MEMO

GOOD

BAD

NEXT

◯ /	THU		
1		☐ ☐ ☐	
2		☐ ☐ ☐	
3		☐ ☐ ☐	
4		☐ ☐ ☐	
5		☐ ☐ ☐	
6		☐ ☐ ☐	

MEMO

GOOD

BAD

NEXT

/	FRI		
1		☐ ☐ ☐	
2		☐ ☐ ☐	
3		☐ ☐ ☐	
4		☐ ☐ ☐	
5		☐ ☐ ☐	
6		☐ ☐ ☐	

MEMO

GOOD

BAD

NEXT

	SAT		
1		☐ ☐ ☐	
2		☐ ☐ ☐	
3		☐ ☐ ☐	
4		☐ ☐ ☐	
5		☐ ☐ ☐	
6		☐ ☐ ☐	

MEMO

GOOD

BAD

NEXT

/	SUN		
1		☐ ☐ ☐	
2		☐ ☐ ☐	
3		☐ ☐ ☐	
4		☐ ☐ ☐	
5		☐ ☐ ☐	
6		☐ ☐ ☐	

MEMO

GOOD

BAD

NEXT

BLOCK 6 ◼ WEEKLY ONE PAGE REVIEW

1 Weekly page로 돌아가서 계획 대비 실행 여부를 점검해봅시다.

2 Core Block 달성도를 점검해보고, 그 이유에 대해 생각해봅시다.

이번주 Core Block: _____

• 외부 요인: _____

• 신체적 요인: _____

• 심리적 요인: _____

• 기타 요인: _____

3 일주일간 느낀 나의 감정을 되돌아봅시다.

	GOOD	BAD
월		
화		
수		
목		
금		
토		
일		
키워드	#	#

4 점검을 통해 알게 된 점 & 다음 주 계획에 반영해야 할 점은 무엇인가요?

_____

_____

5 일주일 동안 수고한 나에게 어떤 선물을 주고 싶나요?

_____

룩말이 전하는 이번 주 명언

당신의 노력을 존중하라. 당신 자신을 존중하라.
자존감은 자제력을 낳는다.
이 둘을 모두 겸비하면, 진정한 힘을 갖게 된다.

Respect your efforts, Respect yourself, Self-respect leads to Self-discipline.
When you have both firmly under your belt, that's real power.

| 클린트 이스트우드 Clint Eastwood |

영화감독, 1930~

4

Week

#자존감

#나를 위한 선택

#주도적인 삶

	MON	TUE	WED	THU	FRI	SAT	SUN
1							
2							
3							
4							
5							
6							

PRE-CHECK LIST

☐ 이번 주 CORE BLOCK:

☐ 목표를 달성하기 위한 타임블럭 개수:

☐ 목표를 위한 타임블럭 양이 (충분)(적당)(부족)

☐ 목표를 위한 타임블럭 양이 부족한다고 생각한다면

　☐ 더 비워낼 수 있는 블럭은 없나요?

　☐ 목표 수정이 필요한가요?

가용 블럭				/ 42
	계획	실천	계획	실천

MEMO

CORE BLOCK						PLAN		ACTION	

CORE BLOCK						PLAN		ACTION	

/	MON		
1		☐ ☐ ☐	
2		☐ ☐ ☐	
3		☐ ☐ ☐	
4		☐ ☐ ☐	
5		☐ ☐ ☐	
6		☐ ☐ ☐	

MEMO

GOOD

BAD

NEXT

/	TUE		
1		☐ ☐ ☐	
2		☐ ☐ ☐	
3		☐ ☐ ☐	
4		☐ ☐ ☐	
5		☐ ☐ ☐	
6		☐ ☐ ☐	

MEMO

GOOD

BAD

NEXT

/	WED	
1		☐ ☐ ☐	
2		☐ ☐ ☐	
3		☐ ☐ ☐	
4		☐ ☐ ☐	
5		☐ ☐ ☐	
6		☐ ☐ ☐	

MEMO

GOOD

BAD

NEXT

/	THU		
1		☐ ☐ ☐	
2		☐ ☐ ☐	
3		☐ ☐ ☐	
4		☐ ☐ ☐	
5		☐ ☐ ☐	
6		☐ ☐ ☐	

MEMO

GOOD

BAD

NEXT

/	FRI		
1		☐ ☐ ☐	
2		☐ ☐ ☐	
3		☐ ☐ ☐	
4		☐ ☐ ☐	
5		☐ ☐ ☐	
6		☐ ☐ ☐	

MEMO

GOOD

BAD

NEXT

/	SAT	
1		☐ ☐ ☐
2		☐ ☐ ☐
3		☐ ☐ ☐
4		☐ ☐ ☐
5		☐ ☐ ☐
6		☐ ☐ ☐

MEMO

GOOD

BAD

NEXT

	SUN	
1	☐ ☐ ☐	
2	☐ ☐ ☐	
3	☐ ☐ ☐	
4	☐ ☐ ☐	
5	☐ ☐ ☐	
6	☐ ☐ ☐	

MEMO

GOOD

BAD

NEXT

BLOCK 6 ◼ WEEKLY ONE PAGE REVIEW

1 Weekly page로 돌아가서 계획 대비 실행 여부를 점검해봅시다.

2 Core Block 달성도를 점검해보고, 그 이유에 대해 생각해봅시다.

이번주 Core Block: _____

• 외부 요인: _____

• 신체적 요인: _____

• 심리적 요인: _____

• 기타 요인: _____

3 일주일간 느낀 나의 감정을 되돌아봅시다.

	GOOD	BAD
월		
화		
수		
목		
금		
토		
일		
키워드	#	#

4 점검을 통해 알게 된 점 & 다음 주 계획에 반영해야 할 점은 무엇인가요?

_____

_____

5 일주일 동안 수고한 나에게 어떤 선물을 주고 싶나요?

_____

룩말이 전하는 이번 주 명언

나는 오로지 한 가지
역할만 할 줄 안다.
바로 내 자신.

I only know how to play one role : ME.

│ **칼 라거펠트** Karl Lagergeld │

패션 디자이너, 1923~2019

5

Week

#정체성
#진짜 욕망
#나만의 색깔

	MON	TUE	WED	THU	FRI	SAT	SUN
1							
2							
3							
4							
5							
6							

PRE-CHECK LIST

☐ 이번 주 CORE BLOCK:

☐ 목표를 달성하기 위한 타임블럭 개수:

☐ 목표를 위한 타임블럭 양이 (충분)(적당)(부족)

☐ 목표를 위한 타임블럭 양이 부족한다고 생각한다면

   ☐ 더 비워낼 수 있는 블럭은 없나요?

   ☐ 목표 수정이 필요한가요?

가용 블럭 / 42

	계획	실천		계획	실천

MEMO

CORE BLOCK						PLAN		ACTION	

CORE BLOCK						PLAN		ACTION	

/	MON

1		☐	
		☐	
		☐	
2		☐	
		☐	
		☐	
3		☐	
		☐	
		☐	
4		☐	
		☐	
		☐	
5		☐	
		☐	
		☐	
6		☐	
		☐	
		☐	

MEMO

GOOD

BAD

NEXT

/	**TUE**		
1		☐ ☐ ☐	
2		☐ ☐ ☐	
3		☐ ☐ ☐	
4		☐ ☐ ☐	
5		☐ ☐ ☐	
6		☐ ☐ ☐	

MEMO

GOOD

BAD

NEXT

/	WED	
1		☐ ☐ ☐
2		☐ ☐ ☐
3		☐ ☐ ☐
4		☐ ☐ ☐
5		☐ ☐ ☐
6		☐ ☐ ☐

MEMO

GOOD

BAD

NEXT

/	THU	
1	☐ ☐ ☐	
2	☐ ☐ ☐	
3	☐ ☐ ☐	
4	☐ ☐ ☐	
5	☐ ☐ ☐	
6	☐ ☐ ☐	

MEMO

GOOD

BAD

NEXT

/	FRI		
1		☐ ☐ ☐	
2		☐ ☐ ☐	
3		☐ ☐ ☐	
4		☐ ☐ ☐	
5		☐ ☐ ☐	
6		☐ ☐ ☐	

MEMO

GOOD

BAD

NEXT

/	SAT			
1		☐ ☐ ☐	
2		☐ ☐ ☐	
3		☐ ☐ ☐	
4		☐ ☐ ☐	
5		☐ ☐ ☐	
6		☐ ☐ ☐	

MEMO

GOOD

BAD

NEXT

(/)	**SUN**		
1		☐ ☐ ☐	
2		☐ ☐ ☐	
3		☐ ☐ ☐	
4		☐ ☐ ☐	
5		☐ ☐ ☐	
6		☐ ☐ ☐	

MEMO

GOOD

BAD

NEXT

1 Weekly page로 돌아가서 계획 대비 실행 여부를 점검해봅시다.

2 Core Block 달성도를 점검해보고, 그 이유에 대해 생각해봅시다.

이번주 Core Block: _____

• 외부 요인: _____

• 신체적 요인: _____

• 심리적 요인: _____

• 기타 요인: _____

3 일주일간 느낀 나의 감정을 되돌아봅시다.

	GOOD	BAD
월		
화		
수		
목		
금		
토		
일		
키워드	#	#

4 점검을 통해 알게 된 점 & 다음 주 계획에 반영해야 할 점은 무엇인가요?

_____

_____

5 일주일 동안 수고한 나에게 어떤 선물을 주고 싶나요?

_____

_____

BLOCK 6 🔷 **MONTHLY ONE PAGE REVIEW**

일 Working	사회 Social
가족 Family	나 Me

이번 달은 어땠는지 총평을 적어보세요.

그리고 다음 달에 어떤 점을 반영하면 좋을지도 생각해보세요.

BLOCK

6

2

Month

시간 관리 혁명을

몸소 체감하는 ___ 월

SUN	MON	TUE	WED

THU	FRI	SAT	

룩말이 전하는 이번 주 명언

인생은 당신이 선택한 모든 것의 합이다.
그래서 오늘은 뭘 할 것인가?
Life is a sum of all your choices.
So, what are you doing today?

| 알베르 카뮈 Albert camus |
소설가·극작가, 1913~1960

1

Week

#목표의식

#실현 가능한 꿈

#선택이 이끄는 삶

	MON	TUE	WED	THU	FRI	SAT	SUN
1							
2							
3							
4							
5							
6							

PRE-CHECK LIST

☐ 이번 주 CORE BLOCK:

☐ 목표를 달성하기 위한 타임블럭 개수:

☐ 목표를 위한 타임블럭 양이 (충분)(적당)(부족)

☐ 목표를 위한 타임블럭 양이 부족한다고 생각한다면

   ☐ 더 비워낼 수 있는 블럭은 없나요?

   ☐ 목표 수정이 필요한가요?

가용 블럭			/ 42		
	계획	실천		계획	실천

MEMO

CORE BLOCK						PLAN		ACTION	

CORE BLOCK						PLAN		ACTION	

(/)	MON		
1		☐ ☐ ☐	
2		☐ ☐ ☐	
3		☐ ☐ ☐	
4		☐ ☐ ☐	
5		☐ ☐ ☐	
6		☐ ☐ ☐	

MEMO

GOOD

BAD

NEXT

	/	**TUE**		
1		☐ ☐ ☐	
2		☐ ☐ ☐	
3		☐ ☐ ☐	
4		☐ ☐ ☐	
5		☐ ☐ ☐	
6		☐ ☐ ☐	

MEMO

GOOD

BAD

NEXT

(/)	**WED**		
1		☐ ☐ ☐	
2		☐ ☐ ☐	
3		☐ ☐ ☐	
4		☐ ☐ ☐	
5		☐ ☐ ☐	
6		☐ ☐ ☐	

MEMO

GOOD

BAD

NEXT

/	THU		
1		☐ ☐ ☐	
2		☐ ☐ ☐	
3		☐ ☐ ☐	
4		☐ ☐ ☐	
5		☐ ☐ ☐	
6		☐ ☐ ☐	

MEMO

GOOD

BAD

NEXT

/	**FRI**		
1		☐ ☐ ☐	
2		☐ ☐ ☐	
3		☐ ☐ ☐	
4		☐ ☐ ☐	
5		☐ ☐ ☐	
6		☐ ☐ ☐	

MEMO

GOOD

BAD

NEXT

/	SAT		
1		☐ ☐ ☐	
2		☐ ☐ ☐	
3		☐ ☐ ☐	
4		☐ ☐ ☐	
5		☐ ☐ ☐	
6		☐ ☐ ☐	

MEMO

GOOD

BAD

NEXT

/	SUN

1 □
□
□

2 □
□
□

3 □
□
□

4 □
□
□

5 □
□
□

6 □
□
□

MEMO

GOOD

BAD

NEXT

BLOCK 6 ▪ WEEKLY ONE PAGE REVIEW

1 Weekly page로 돌아가서 계획 대비 실행 여부를 점검해봅시다.

2 Core Block 달성도를 점검해보고, 그 이유에 대해 생각해봅시다.

이번주 Core Block: _____

- 외부 요인: _____
- 신체적 요인: _____
- 심리적 요인: _____
- 기타 요인: _____

3 일주일간 느낀 나의 감정을 되돌아봅시다.

	GOOD	*BAD*
월		
화		
수		
목		
금		
토		
일		
키워드	#	#

4 점검을 통해 알게 된 점 & 다음 주 계획에 반영해야 할 점은 무엇인가요?

_____

_____

5 일주일 동안 수고한 나에게 어떤 선물을 주고 싶나요?

_____

룩말이 전하는 이번 주 명언

진정한 목표가 있어야 한다.
그것이 바뀔 수 있어도 목표가 있어야 한다.
자신이 원하는 게 뭔지 알아야 한다.
You really have to have a goal.
The goal posts might shift, but you should have a goal.
Know what it is you want to find out.

자하 하디드 Zaha Hadid
건축가, 1950~2016

2

Week

#삶의 나침반

#중용

#목표의 힘

	MON	TUE	WED	THU	FRI	SAT	SUN
1							
2							
3							
4							
5							
6							

PRE-CHECK LIST

□ 이번 주 CORE BLOCK:

□ 목표를 달성하기 위한 타임블럭 개수:

□ 목표를 위한 타임블럭 양이 (충분)(적당)(부족)

□ 목표를 위한 타임블럭 양이 부족한다고 생각한다면

　　□ 더 비워낼 수 있는 블럭은 없나요?

　　□ 목표 수정이 필요한가요?

가용 블럭　　　　　/ 42

	계획	실천		계획	실천

MEMO

CORE BLOCK						PLAN		ACTION	

CORE BLOCK						PLAN		ACTION	

		MON	
1		☐ ☐ ☐	
2		☐ ☐ ☐	
3		☐ ☐ ☐	
4		☐ ☐ ☐	
5		☐ ☐ ☐	
6		☐ ☐ ☐	

MEMO

GOOD

BAD

NEXT

(/)	**TUE**		
1		☐ ☐ ☐	
2		☐ ☐ ☐	
3		☐ ☐ ☐	
4		☐ ☐ ☐	
5		☐ ☐ ☐	
6		☐ ☐ ☐	

MEMO	*GOOD*
	BAD
	NEXT

/	WED		
1		☐ ☐ ☐	
2		☐ ☐ ☐	
3		☐ ☐ ☐	
4		☐ ☐ ☐	
5		☐ ☐ ☐	
6		☐ ☐ ☐	

MEMO

GOOD

BAD

NEXT

/	THU		
1		☐ ☐ ☐	
2		☐ ☐ ☐	
3		☐ ☐ ☐	
4		☐ ☐ ☐	
5		☐ ☐ ☐	
6		☐ ☐ ☐	

MEMO

GOOD

BAD

NEXT

/	FRI		
1		☐ ☐ ☐	
2		☐ ☐ ☐	
3		☐ ☐ ☐	
4		☐ ☐ ☐	
5		☐ ☐ ☐	
6		☐ ☐ ☐	

MEMO

GOOD

BAD

NEXT

/	SAT		
1		☐ ☐ ☐	
2		☐ ☐ ☐	
3		☐ ☐ ☐	
4		☐ ☐ ☐	
5		☐ ☐ ☐	
6		☐ ☐ ☐	

MEMO

GOOD

BAD

NEXT

	SUN	
1		☐ ☐ ☐
2		☐ ☐ ☐
3		☐ ☐ ☐
4		☐ ☐ ☐
5		☐ ☐ ☐
6		☐ ☐ ☐

MEMO

GOOD

BAD

NEXT

BLOCK 6 ◈ WEEKLY ONE PAGE REVIEW

1 Weekly page로 돌아가서 계획 대비 실행 여부를 점검해봅시다.

2 Core Block 달성도를 점검해보고, 그 이유에 대해 생각해봅시다.

이번주 Core Block: _____

• 외부 요인: _____

• 신체적 요인: _____

• 심리적 요인: _____

• 기타 요인: _____

3 일주일간 느낀 나의 감정을 되돌아봅시다.

	GOOD	*BAD*
월		
화		
수		
목		
금		
토		
일		
키워드	#	#

4 점검을 통해 알게 된 점 & 다음 주 계획에 반영해야 할 점은 무엇인가요?

_____

_____

5 일주일 동안 수고한 나에게 어떤 선물을 주고 싶나요?

_____

룩말이 전하는 이번 주 명언

우리는 우리가 생각하는 것보다
훨씬 더 많이 견딜 수 있다.
We can endure much more than
we think we can.

| 프리다 칼로 Frida Kahlo |

화가, 1907~1954

3

Week

#열정에 기름 붓기
#끝까지 간다
#포기하지 않음

	MON	TUE	WED	THU	FRI	SAT	SUN
1							
2							
3							
4							
5							
6							

PRE-CHECK LIST

☐ 이번 주 CORE BLOCK:

☐ 목표를 달성하기 위한 타임블럭 개수:

☐ 목표를 위한 타임블럭 양이 (충분)(적당)(부족)

☐ 목표를 위한 타임블럭 양이 부족한다고 생각한다면

　☐ 더 비워낼 수 있는 블럭은 없나요?

　☐ 목표 수정이 필요한가요?

가용 블럭　　　/ 42

	계획	실천		계획	실천

MEMO

CORE BLOCK						PLAN		ACTION	

CORE BLOCK						PLAN		ACTION	

/	MON		
1		☐ ☐ ☐	
2		☐ ☐ ☐	
3		☐ ☐ ☐	
4		☐ ☐ ☐	
5		☐ ☐ ☐	
6		☐ ☐ ☐	

MEMO

GOOD

BAD

NEXT

	TUE		

1		☐ ☐ ☐	
2		☐ ☐ ☐	
3		☐ ☐ ☐	
4		☐ ☐ ☐	
5		☐ ☐ ☐	
6		☐ ☐ ☐	

MEMO

GOOD

BAD

NEXT

/	WED		
1		☐ ☐ ☐	
2		☐ ☐ ☐	
3		☐ ☐ ☐	
4		☐ ☐ ☐	
5		☐ ☐ ☐	
6		☐ ☐ ☐	

MEMO

GOOD

BAD

NEXT

/	THU	

1		☐	
		☐	
		☐	

2		☐	
		☐	
		☐	

3		☐	
		☐	
		☐	

4		☐	
		☐	
		☐	

5		☐	
		☐	
		☐	

6		☐	
		☐	
		☐	

MEMO

GOOD

BAD

NEXT

		FRI	
1		☐ ☐ ☐	
2		☐ ☐ ☐	
3		☐ ☐ ☐	
4		☐ ☐ ☐	
5		☐ ☐ ☐	
6		☐ ☐ ☐	

MEMO

GOOD

BAD

NEXT

/	SAT		
1		☐ ☐ ☐	
2		☐ ☐ ☐	
3		☐ ☐ ☐	
4		☐ ☐ ☐	
5		☐ ☐ ☐	
6		☐ ☐ ☐	

MEMO

GOOD

BAD

NEXT

/	SUN		
1		☐ ☐ ☐	
2		☐ ☐ ☐	
3		☐ ☐ ☐	
4		☐ ☐ ☐	
5		☐ ☐ ☐	
6		☐ ☐ ☐	

MEMO

GOOD

BAD

NEXT

BLOCK 6 ◆ WEEKLY ONE PAGE REVIEW

1 Weekly page로 돌아가서 계획 대비 실행 여부를 점검해봅시다.

2 Core Block 달성도를 점검해보고, 그 이유에 대해 생각해봅시다.

이번주 Core Block: _____

• 외부 요인: _____

• 신체적 요인: _____

• 심리적 요인: _____

• 기타 요인: _____

3 일주일간 느낀 나의 감정을 되돌아봅시다.

	GOOD	*BAD*
월		
화		
수		
목		
금		
토		
일		
키워드	#	#

4 점검을 통해 알게 된 점 & 다음 주 계획에 반영해야 할 점은 무엇인가요?

_____

_____

5 일주일 동안 수고한 나에게 어떤 선물을 주고 싶나요?

_____

룩말이 전하는 이번 주 명언

이 세상은 우리의 상상을 마음대로
그려보는 화폭에 불과하다.
This world is but canvas to our imaginations.

| 헨리 데이비드 소로 Henry David Thoreau |
작가, 1817~1862

4

Week

#가능성

#잠재력

#나의 비전

	MON	TUE	WED	THU	FRI	SAT	SUN
1							
2							
3							
4							
5							
6							

PRE-CHECK LIST	가용 블럭	/ 42

□ 이번 주 CORE BLOCK:

□ 목표를 달성하기 위한 타임블럭 개수:

□ 목표를 위한 타임블럭 양이 (충분)(적당)(부족)

□ 목표를 위한 타임블럭 양이 부족한다고 생각한다면

　　□ 더 비워낼 수 있는 블럭은 없나요?

　　□ 목표 수정이 필요한가요?

	계획	실천		계획	실천

MEMO

CORE BLOCK						*PLAN*		*ACTION*	

CORE BLOCK						*PLAN*		*ACTION*	

⊘ /	**MON**		
1		☐ ☐ ☐	
2		☐ ☐ ☐	
3		☐ ☐ ☐	
4		☐ ☐ ☐	
5		☐ ☐ ☐	
6		☐ ☐ ☐	

MEMO

GOOD

BAD

NEXT

/	TUE		
1		☐ ☐ ☐	
2		☐ ☐ ☐	
3		☐ ☐ ☐	
4		☐ ☐ ☐	
5		☐ ☐ ☐	
6		☐ ☐ ☐	

MEMO

GOOD

BAD

NEXT

	WED		
1		☐ ☐ ☐	
2		☐ ☐ ☐	
3		☐ ☐ ☐	
4		☐ ☐ ☐	
5		☐ ☐ ☐	
6		☐ ☐ ☐	

MEMO

GOOD

BAD

NEXT

	THU		
1		☐ ☐ ☐	
2		☐ ☐ ☐	
3		☐ ☐ ☐	
4		☐ ☐ ☐	
5		☐ ☐ ☐	
6		☐ ☐ ☐	

MEMO

GOOD

BAD

NEXT

		FRI

1		☐
		☐
		☐

2		☐
		☐
		☐

3		☐
		☐
		☐

4		☐
		☐
		☐

5		☐
		☐
		☐

6		☐
		☐
		☐

MEMO

GOOD

BAD

NEXT

/	SAT		
1		☐ ☐ ☐	
2		☐ ☐ ☐	
3		☐ ☐ ☐	
4		☐ ☐ ☐	
5		☐ ☐ ☐	
6		☐ ☐ ☐	

MEMO

GOOD

BAD

NEXT

/	SUN		
1		☐ ☐ ☐	
2		☐ ☐ ☐	
3		☐ ☐ ☐	
4		☐ ☐ ☐	
5		☐ ☐ ☐	
6		☐ ☐ ☐	

MEMO

GOOD

BAD

NEXT

BLOCK 6 ▪ WEEKLY ONE PAGE REVIEW

1 Weekly page로 돌아가서 계획 대비 실행 여부를 점검해봅시다.

2 Core Block 달성도를 점검해보고, 그 이유에 대해 생각해봅시다.

이번주 Core Block: _____

• 외부 요인: _____

• 신체적 요인: _____

• 심리적 요인: _____

• 기타 요인: _____

3 일주일간 느낀 나의 감정을 되돌아봅시다.

	GOOD	*BAD*
월		
화		
수		
목		
금		
토		
일		
키워드	#	#

4 점검을 통해 알게 된 점 & 다음 주 계획에 반영해야 할 점은 무엇인가요?

_____

_____

5 일주일 동안 수고한 나에게 어떤 선물을 주고 싶나요?

_____

룩말이 전하는 이번 주 명언

우리가 이룬 것만큼,
이루지 못한 것도 자랑스럽다.
I'm as proud of what we don't do
as I am of what we do.

| 스티브 잡스 Steve Jobs |

기업가, 1955~2011

5

Week

#자기 돌봄
#사랑하는 마음
#실패에서 배운다

	MON	TUE	WED	THU	FRI	SAT	SUN
1							
2							
3							
4							
5							
6							

PRE-CHECK LIST

☐ 이번 주 CORE BLOCK:

☐ 목표를 달성하기 위한 타임블럭 개수:

☐ 목표를 위한 타임블럭 양이 (충분) (적당) (부족)

☐ 목표를 위한 타임블럭 양이 부족한다고 생각한다면

  ☐ 더 비워낼 수 있는 블럭은 없나요?

  ☐ 목표 수정이 필요한가요?

가용 블럭			/ 42		
	계획	실천		계획	실천

MEMO

CORE BLOCK						PLAN		ACTION	

CORE BLOCK						PLAN		ACTION	

/	MON		
1		☐ ☐ ☐	
2		☐ ☐ ☐	
3		☐ ☐ ☐	
4		☐ ☐ ☐	
5		☐ ☐ ☐	
6		☐ ☐ ☐	

MEMO

GOOD

BAD

NEXT

/	TUE		
1		☐ ☐ ☐	
2		☐ ☐ ☐	
3		☐ ☐ ☐	
4		☐ ☐ ☐	
5		☐ ☐ ☐	
6		☐ ☐ ☐	

MEMO

GOOD

BAD

NEXT

/	**WED**		
1		☐ ☐ ☐	
2		☐ ☐ ☐	
3		☐ ☐ ☐	
4		☐ ☐ ☐	
5		☐ ☐ ☐	
6		☐ ☐ ☐	

MEMO

GOOD

BAD

NEXT

/	THU		
1		☐ ☐ ☐	
2		☐ ☐ ☐	
3		☐ ☐ ☐	
4		☐ ☐ ☐	
5		☐ ☐ ☐	
6		☐ ☐ ☐	

MEMO

GOOD

BAD

NEXT

/	FRI		
1		☐ ☐ ☐	
2		☐ ☐ ☐	
3		☐ ☐ ☐	
4		☐ ☐ ☐	
5		☐ ☐ ☐	
6		☐ ☐ ☐	

MEMO

GOOD

BAD

NEXT

/	SAT		
1		☐ ☐ ☐	
2		☐ ☐ ☐	
3		☐ ☐ ☐	
4		☐ ☐ ☐	
5		☐ ☐ ☐	
6		☐ ☐ ☐	

MEMO

GOOD

BAD

NEXT

/	SUN

1		☐	
		☐	
		☐	
2		☐	
		☐	
		☐	
3		☐	
		☐	
		☐	
4		☐	
		☐	
		☐	
5		☐	
		☐	
		☐	
6		☐	
		☐	
		☐	

MEMO

GOOD

BAD

NEXT

BLOCK 6 ⬢ WEEKLY ONE PAGE REVIEW

1 Weekly page로 돌아가서 계획 대비 실행 여부를 점검해봅시다.

2 Core Block 달성도를 점검해보고, 그 이유에 대해 생각해봅시다.

　　이번주 Core Block: _____

　　• 외부 요인: _____

　　• 신체적 요인: _____

　　• 심리적 요인: _____

　　• 기타 요인: _____

3 일주일간 느낀 나의 감정을 되돌아봅시다.

	GOOD	*BAD*
월		
화		
수		
목		
금		
토		
일		
키워드	#	#

4 점검을 통해 알게 된 점 & 다음 주 계획에 반영해야 할 점은 무엇인가요?

_____

_____

5 일주일 동안 수고한 나에게 어떤 선물을 주고 싶나요?

_____

BLOCK 6 ● MONTHLY ONE PAGE REVIEW

일 Working	사회 Social

W

F ⊢ ┼ ┼ ┼ ┼ ┼ ┼ ┼ ┼ ┤ S

M

가족 Family	나 Me

이번 달은 어땠는지 총평을 적어보세요.
그리고 다음 달에 어떤 점을 반영하면 좋을지도 생각해보세요.

BLOCK
6

3

Month

성취의 기쁨을

누리는 ___ 월

MONTH

SUN	MON	TUE	WED

THU	FRI	SAT	

룩말이 전하는 이번 주 명언

자신을 사랑하는 법을
아는 것이 가장 위대한 사랑이다.
Learning to love yourself,
is the greatest love of all.

| 휘트니 엘리자베스 휴스턴 Whitney Elizabeth Houston |
가수, 1963~2012

1

Week

#나에 대한 믿음

#강함

#참 괜찮은 나

	MON	TUE	WED	THU	FRI	SAT	SUN
1							
2							
3							
4							
5							
6							

PRE-CHECK LIST

☐ 이번 주 CORE BLOCK:

☐ 목표를 달성하기 위한 타임블럭 개수:

☐ 목표를 위한 타임블럭 양이 (충분)(적당)(부족)

☐ 목표를 위한 타임블럭 양이 부족한다고 생각한다면

   ☐ 더 비워낼 수 있는 블럭은 없나요?

   ☐ 목표 수정이 필요한가요?

가용 블럭			/ 42	
	계획	실천	계획	실천

MEMO

		CORE BLOCK				PLAN		ACTION	

		CORE BLOCK				PLAN		ACTION	

	MON	
1		☐ ☐ ☐
2		☐ ☐ ☐
3		☐ ☐ ☐
4		☐ ☐ ☐
5		☐ ☐ ☐
6		☐ ☐ ☐

MEMO

GOOD

BAD

NEXT

(/)	TUE		
1		☐ ☐ ☐	
2		☐ ☐ ☐	
3		☐ ☐ ☐	
4		☐ ☐ ☐	
5		☐ ☐ ☐	
6		☐ ☐ ☐	

MEMO

GOOD

BAD

NEXT

/	WED		
1		☐ ☐ ☐	
2		☐ ☐ ☐	
3		☐ ☐ ☐	
4		☐ ☐ ☐	
5		☐ ☐ ☐	
6		☐ ☐ ☐	

MEMO

GOOD

BAD

NEXT

/	THU		
1		☐	
		☐	
		☐	
2		☐	
		☐	
		☐	
3		☐	
		☐	
		☐	
4		☐	
		☐	
		☐	
5		☐	
		☐	
		☐	
6		☐	
		☐	
		☐	

MEMO

GOOD

BAD

NEXT

/	FRI	
1		☐ ☐ ☐
2		☐ ☐ ☐
3		☐ ☐ ☐
4		☐ ☐ ☐
5		☐ ☐ ☐
6		☐ ☐ ☐

MEMO

GOOD

BAD

NEXT

/	SAT		
1		☐ ☐ ☐	
2		☐ ☐ ☐	
3		☐ ☐ ☐	
4		☐ ☐ ☐	
5		☐ ☐ ☐	
6		☐ ☐ ☐	

MEMO

GOOD

BAD

NEXT

/	SUN		
1		☐ ☐ ☐	
2		☐ ☐ ☐	
3		☐ ☐ ☐	
4		☐ ☐ ☐	
5		☐ ☐ ☐	
6		☐ ☐ ☐	

MEMO

GOOD

BAD

NEXT

BLOCK 6 ◆ WEEKLY ONE PAGE REVIEW

1 Weekly page로 돌아가서 계획 대비 실행 여부를 점검해봅시다.

2 Core Block 달성도를 점검해보고, 그 이유에 대해 생각해봅시다.

이번주 Core Block: _____

• 외부 요인: _____

• 신체적 요인: _____

• 심리적 요인: _____

• 기타 요인: _____

3 일주일간 느낀 나의 감정을 되돌아봅시다.

	GOOD	*BAD*
월		
화		
수		
목		
금		
토		
일		
키워드	#	#

4 점검을 통해 알게 된 점 & 다음 주 계획에 반영해야 할 점은 무엇인가요?

_____

_____

5 일주일 동안 수고한 나에게 어떤 선물을 주고 싶나요?

_____

룩말이 전하는 이번 주 명언

지금은 당신이 갖지 못한 것을
생각할 때가 아니다.
여기서 할 수 있는 일을 생각하라.

Now is no time to think of what you do not have.
Think of what you can do with that these is.

│ 소설 《노인과 바다》 중에서 │

2

Week

#균형 잡힌 생각

#냉철함

#현실 인식

	MON	TUE	WED	THU	FRI	SAT	SUN
1							
2							
3							
4							
5							
6							

PRE-CHECK LIST

☐ 이번 주 CORE BLOCK:

☐ 목표를 달성하기 위한 타임블럭 개수:

☐ 목표를 위한 타임블럭 양이 (충분)(적당)(부족)

☐ 목표를 위한 타임블럭 양이 부족한다고 생각한다면

   ☐ 더 비워낼 수 있는 블럭은 없나요?

   ☐ 목표 수정이 필요한가요?

가용 블럭   / 42

	계획	실천		계획	실천

MEMO

CORE BLOCK						PLAN		ACTION	

CORE BLOCK						PLAN		ACTION	

/	MON		
1		☐ ☐ ☐	
2		☐ ☐ ☐	
3		☐ ☐ ☐	
4		☐ ☐ ☐	
5		☐ ☐ ☐	
6		☐ ☐ ☐	

MEMO

GOOD

BAD

NEXT

	TUE		
1		☐ ☐ ☐	
2		☐ ☐ ☐	
3		☐ ☐ ☐	
4		☐ ☐ ☐	
5		☐ ☐ ☐	
6		☐ ☐ ☐	

MEMO

GOOD

BAD

NEXT

/	WED

1
- ☐
- ☐
- ☐

2
- ☐
- ☐
- ☐

3
- ☐
- ☐
- ☐

4
- ☐
- ☐
- ☐

5
- ☐
- ☐
- ☐

6
- ☐
- ☐
- ☐

MEMO

GOOD

BAD

NEXT

/	THU			
1		☐ ☐ ☐		
2		☐ ☐ ☐		
3		☐ ☐ ☐		
4		☐ ☐ ☐		
5		☐ ☐ ☐		
6		☐ ☐ ☐		

MEMO

GOOD

BAD

NEXT

		FRI	
1		☐ ☐ ☐	
2		☐ ☐ ☐	
3		☐ ☐ ☐	
4		☐ ☐ ☐	
5		☐ ☐ ☐	
6		☐ ☐ ☐	

MEMO

GOOD

BAD

NEXT

/	SAT

1
- ☐
- ☐
- ☐

2
- ☐
- ☐
- ☐

3
- ☐
- ☐
- ☐

4
- ☐
- ☐
- ☐

5
- ☐
- ☐
- ☐

6
- ☐
- ☐
- ☐

MEMO

GOOD

BAD

NEXT

/	SUN

1		☐ ☐ ☐	
2		☐ ☐ ☐	
3		☐ ☐ ☐	
4		☐ ☐ ☐	
5		☐ ☐ ☐	
6		☐ ☐ ☐	

MEMO

GOOD

BAD

NEXT

BLOCK 6 ◆ WEEKLY ONE PAGE REVIEW

1 Weekly page로 돌아가서 계획 대비 실행 여부를 점검해봅시다.

2 Core Block 달성도를 점검해보고, 그 이유에 대해 생각해봅시다.

이번주 Core Block: _____

• 외부 요인: _____

• 신체적 요인: _____

• 심리적 요인: _____

• 기타 요인: _____

3 일주일간 느낀 나의 감정을 되돌아봅시다.

	GOOD	*BAD*
월		
화		
수		
목		
금		
토		
일		
키워드	#	#

4 점검을 통해 알게 된 점 & 다음 주 계획에 반영해야 할 점은 무엇인가요?

_____

_____

5 일주일 동안 수고한 나에게 어떤 선물을 주고 싶나요?

_____

룩말이 전하는 이번 주 명언

가끔은 살려고 애쓰다가
정작 삶을 누릴 시간이 없는 것 같아.

Sometimes It feels like I try
so hard to live that I don't actually
have time to enyoy life.

| 영화 《달라스 바이어스 클럽》 중에서 |

3

Week

#평온

#여유 있음

#어느새 괜찮아지는 마음

	MON	TUE	WED	THU	FRI	SAT	SUN
1							
2							
3							
4							
5							
6							

PRE-CHECK LIST
□ 이번 주 CORE BLOCK:
□ 목표를 달성하기 위한 타임블럭 개수:
□ 목표를 위한 타임블럭 양이 (충분)(적당)(부족)
□ 목표를 위한 타임블럭 양이 부족한다고 생각한다면
□ 더 비워낼 수 있는 블럭은 없나요?
□ 목표 수정이 필요한가요?

가용 블럭				/ 42	
	계획	실천		계획	실천

MEMO

CORE BLOCK					PLAN		ACTION	

CORE BLOCK					PLAN		ACTION	

(/)	**MON**		
1		☐ ☐ ☐	
2		☐ ☐ ☐	
3		☐ ☐ ☐	
4		☐ ☐ ☐	
5		☐ ☐ ☐	
6		☐ ☐ ☐	

MEMO	*GOOD*
	BAD
	NEXT

/	TUE		
1		☐ ☐ ☐	
2		☐ ☐ ☐	
3		☐ ☐ ☐	
4		☐ ☐ ☐	
5		☐ ☐ ☐	
6		☐ ☐ ☐	

MEMO

GOOD

BAD

NEXT

	WED	
1		☐
		☐
		☐
2		☐
		☐
		☐
3		☐
		☐
		☐
4		☐
		☐
		☐
5		☐
		☐
		☐
6		☐
		☐
		☐

MEMO

GOOD

BAD

NEXT

	THU	
1	□ □ □	
2	□ □ □	
3	□ □ □	
4	□ □ □	
5	□ □ □	
6	□ □ □	

MEMO	GOOD
	BAD
	NEXT

	FRI	
1		☐ ☐ ☐
2		☐ ☐ ☐
3		☐ ☐ ☐
4		☐ ☐ ☐
5		☐ ☐ ☐
6		☐ ☐ ☐

MEMO

GOOD

BAD

NEXT

/	SAT		
1		☐ ☐ ☐	
2		☐ ☐ ☐	
3		☐ ☐ ☐	
4		☐ ☐ ☐	
5		☐ ☐ ☐	
6		☐ ☐ ☐	

MEMO

GOOD

BAD

NEXT

/	SUN	
1		☐ ☐ ☐
2		☐ ☐ ☐
3		☐ ☐ ☐
4		☐ ☐ ☐
5		☐ ☐ ☐
6		☐ ☐ ☐

MEMO

GOOD

BAD

NEXT

BLOCK 6 ◆ WEEKLY ONE PAGE REVIEW

1 Weekly page로 돌아가서 계획 대비 실행 여부를 점검해봅시다.

2 Core Block 달성도를 점검해보고, 그 이유에 대해 생각해봅시다.

이번주 Core Block: _____

· 외부 요인: _____

· 신체적 요인: _____

· 심리적 요인: _____

· 기타 요인: _____

3 일주일간 느낀 나의 감정을 되돌아봅시다.

	GOOD	*BAD*
월		
화		
수		
목		
금		
토		
일		
키워드	#	#

4 점검을 통해 알게 된 점 & 다음 주 계획에 반영해야 할 점은 무엇인가요?

_____

_____

5 일주일 동안 수고한 나에게 어떤 선물을 주고 싶나요?

_____

룩말이 전하는 이번 주 명언

당신이 살고 있는 인생을 사랑하고,
당신이 사랑하는 인생을 사세요.
Love the life you Live.
Live the life you Love.

| 밥 말리 Bob Marley |
가수, 1945~1981

4

Week

#몰입

#후회하지 않음

#감사함

	MON	TUE	WED	THU	FRI	SAT	SUN
1							
2							
3							
4							
5							
6							

PRE-CHECK LIST

□ 이번 주 CORE BLOCK:

□ 목표를 달성하기 위한 타임블럭 개수:

□ 목표를 위한 타임블럭 양이 (충분)(적당)(부족)

□ 목표를 위한 타임블럭 양이 부족하다고 생각한다면

　　□ 더 비워낼 수 있는 블럭은 없나요?

　　□ 목표 수정이 필요한가요?

가용 블럭 　　　　 / 42

	계획	실천		계획	실천

MEMO

CORE BLOCK						PLAN		ACTION	

CORE BLOCK						PLAN		ACTION	

/	MON		
1		☐ ☐ ☐	
2		☐ ☐ ☐	
3		☐ ☐ ☐	
4		☐ ☐ ☐	
5		☐ ☐ ☐	
6		☐ ☐ ☐	

MEMO

GOOD

BAD

NEXT

/	TUE		
1		☐ ☐ ☐	
2		☐ ☐ ☐	
3		☐ ☐ ☐	
4		☐ ☐ ☐	
5		☐ ☐ ☐	
6		☐ ☐ ☐	

MEMO

GOOD

BAD

NEXT

	WED	
1		☐ ☐ ☐
2		☐ ☐ ☐
3		☐ ☐ ☐
4		☐ ☐ ☐
5		☐ ☐ ☐
6		☐ ☐ ☐

MEMO

GOOD

BAD

NEXT

	THU	

1
- ☐
- ☐
- ☐

2
- ☐
- ☐
- ☐

3
- ☐
- ☐
- ☐

4
- ☐
- ☐
- ☐

5
- ☐
- ☐
- ☐

6
- ☐
- ☐
- ☐

MEMO

GOOD

BAD

NEXT

	FRI			
1		☐ ☐ ☐		
2		☐ ☐ ☐		
3		☐ ☐ ☐		
4		☐ ☐ ☐		
5		☐ ☐ ☐		
6		☐ ☐ ☐		

MEMO

GOOD

BAD

NEXT

/	SAT		
1		☐ ☐ ☐	
2		☐ ☐ ☐	
3		☐ ☐ ☐	
4		☐ ☐ ☐	
5		☐ ☐ ☐	
6		☐ ☐ ☐	

MEMO

GOOD

BAD

NEXT

/	SUN

1		☐ ☐ ☐	
2		☐ ☐ ☐	
3		☐ ☐ ☐	
4		☐ ☐ ☐	
5		☐ ☐ ☐	
6		☐ ☐ ☐	

MEMO

GOOD

BAD

NEXT

BLOCK 6 ◆ WEEKLY ONE PAGE REVIEW

1 Weekly page로 돌아가서 계획 대비 실행 여부를 점검해봅시다.

2 Core Block 달성도를 점검해보고, 그 이유에 대해 생각해봅시다.

이번주 Core Block: _____

- 외부 요인: _____
- 신체적 요인: _____
- 심리적 요인: _____
- 기타 요인: _____

3 일주일간 느낀 나의 감정을 되돌아봅시다.

	GOOD	*BAD*
월		
화		
수		
목		
금		
토		
일		
키워드	#	#

4 점검을 통해 알게 된 점 & 다음 주 계획에 반영해야 할 점은 무엇인가요?

_____

_____

5 일주일 동안 수고한 나에게 어떤 선물을 주고 싶나요?

_____

룩말이 전하는 이번 주 명언

만약 당신이 자신의 이야기를
중요하게 여기지 않는다면,
남들도 그것을 중요하게 여기지 않을 것입니다.

If you don't value your story, others will not.

| 미셸 오바마 Michelle Obama |

전 미국 영부인, 1964~

5

Week

#지속가능성

#지치지 않음

#끝나지 않는 나의 이야기

	MON	TUE	WED	THU	FRI	SAT	SUN
1							
2							
3							
4							
5							
6							

PRE-CHECK LIST

☐ 이번 주 CORE BLOCK:

☐ 목표를 달성하기 위한 타임블럭 개수:

☐ 목표를 위한 타임블럭 양이 (충분)(적당)(부족)

☐ 목표를 위한 타임블럭 양이 부족한다고 생각한다면

　☐ 더 비워낼 수 있는 블럭은 없나요?

　☐ 목표 수정이 필요한가요?

가용 블럭				/ 42	
	계획	실천		계획	실천

MEMO

CORE BLOCK					PLAN		ACTION	

CORE BLOCK					PLAN		ACTION	

/	MON	
1	☐ ☐ ☐	
2	☐ ☐ ☐	
3	☐ ☐ ☐	
4	☐ ☐ ☐	
5	☐ ☐ ☐	
6	☐ ☐ ☐	

MEMO

GOOD

BAD

NEXT

	TUE		
1		☐ ☐ ☐	
2		☐ ☐ ☐	
3		☐ ☐ ☐	
4		☐ ☐ ☐	
5		☐ ☐ ☐	
6		☐ ☐ ☐	

MEMO

GOOD

BAD

NEXT

/	WED		
1		☐ ☐ ☐	
2		☐ ☐ ☐	
3		☐ ☐ ☐	
4		☐ ☐ ☐	
5		☐ ☐ ☐	
6		☐ ☐ ☐	

MEMO

GOOD

BAD

NEXT

/	THU		
1		☐ ☐ ☐	
2		☐ ☐ ☐	
3		☐ ☐ ☐	
4		☐ ☐ ☐	
5		☐ ☐ ☐	
6		☐ ☐ ☐	

MEMO

GOOD

BAD

NEXT

	FRI		
1		☐ ☐ ☐	
2		☐ ☐ ☐	
3		☐ ☐ ☐	
4		☐ ☐ ☐	
5		☐ ☐ ☐	
6		☐ ☐ ☐	

MEMO

GOOD

BAD

NEXT

/	SAT		
1		☐ ☐ ☐	
2		☐ ☐ ☐	
3		☐ ☐ ☐	
4		☐ ☐ ☐	
5		☐ ☐ ☐	
6		☐ ☐ ☐	

MEMO

GOOD
BAD
NEXT

/	SUN		
1		☐ ☐ ☐	
2		☐ ☐ ☐	
3		☐ ☐ ☐	
4		☐ ☐ ☐	
5		☐ ☐ ☐	
6		☐ ☐ ☐	

MEMO

GOOD

BAD

NEXT

BLOCK 6 ■ WEEKLY ONE PAGE REVIEW

1 Weekly page로 돌아가서 계획 대비 실행 여부를 점검해봅시다.

2 Core Block 달성도를 점검해보고, 그 이유에 대해 생각해봅시다.

이번주 Core Block: _____

• 외부 요인: _____

• 신체적 요인: _____

• 심리적 요인: _____

• 기타 요인: _____

3 일주일간 느낀 나의 감정을 되돌아봅시다.

	GOOD	*BAD*
월		
화		
수		
목		
금		
토		
일		
키워드	#	#

4 점검을 통해 알게 된 점 & 다음 주 계획에 반영해야 할 점은 무엇인가요?

_____

_____

5 일주일 동안 수고한 나에게 어떤 선물을 주고 싶나요?

_____

일 Working	사회 Social

가족 Family	나 Me

이번 달은 어땠는지 총평을 적어보세요.
그리고 다음 달에 어떤 점을 반영하면 좋을지도 생각해보세요.

완주를 축하합니다

3개월 동안 꾸준히 블럭식스 플래너와 일상을 같이하며 마지막 장까지 오신 당신! 짝짝짝, 정말 축하드립니다!

제가 3개월 전에 당신께 약속한 것이 있습니다. 이 플래너를 꾸준히 쓰면 당신에게 찾아올 3가지 변화를 말이지요. 누군가는 3개월이 채 되지 않았음에도 이전과 다르게 시간 관리력이 향상되는 것을 느꼈을 것입니다. 누군가는 지금쯤 마음속에서 비로소 내가 깨어나 꿈틀거리는 것을 느끼기 시작했을지도 모르겠습니다. 시기와 정도는 다르지만, 우리 모두 3개월 동안 블럭식스 안에 내가 하고 싶은 것을 넣기 위해 무언가를 비우고, 계획한 것을 실행하며, 점검하는 시간을 반복했을 겁니다. 그러는 동안 내 삶을 선택하는 용기가 훌쩍 커졌을 것이 분명합니다. 당신 안의 변화를 격하게 기뻐해주세요.

1 플래너 쓰기를 꾸준히 3개월간 완주하는 당신을 발견하게 된 것을 축하합니다.

2 무엇이 나에게 더 중요한 것인지를 아는 힘이 향상된 것을 축하합니다.

3 시간 관리를 넘어 '나 사용법'을 더 잘 알게 되어, 보다 행복한 선택을 할 수 있게 됐음을 축하합니다.

이제 우리는 3개월이라는 시간을 통해 싱싱한 싹을 틔웠습니다. 세상에 대한 호기심이 많고 재능도 많은 하고잡이들이 자신의 재능을 낭비하면서 그저 바쁜 인생으로 삶을 허비하지 않기를 바랍니다. 앞으로도 꾸준히 블럭식스 시간 관리 시스템과 함께하면서 새싹을 잘 관리해 단단히 뿌리내린 나무로 키워내길 희망합니다. 당신은 달콤한 열매도 맛볼 수 있을 것입니다. 진짜 당신이 원하는 삶을 사는, 성취의 짜릿함을 맛보는 인생을 살아나가기를 바랍니다.

**그저 바쁜 인생이 아닌
진짜 내가 하고 싶은 것들을 선택하는 삶!
블럭식스가 함께하겠습니다.**

BLUCK 6
REVOLUTION

1판 1쇄 인쇄 | 2021년 11월 19일
1판 2쇄 발행 | 2024년 02월 20일

지은이 정지하
펴낸이 김기옥

경제경영팀장 모민원
기획편집 변호이, 박지선
마케팅 박진모
경영지원 고광현
제작 김형식

디자인 최윤선(mallybook)
인쇄·제본 민언프린텍

펴낸곳 한스미디어(한즈미디어(주))
주소 04037 서울특별시 마포구 양화로 11길 13(서교동, 강원빌딩 5층)
전화 02-707-0337 | 팩스 02-707-0198 | 홈페이지 www.hansmedia.com
출판신고번호 제 313-2003-227호 | 신고일자 2003년 6월 25일

ISBN 979-11-6007-758-2 04330
       979-11-6007-756-8(세트)

INFORMATION

name.

birth.

mobile.

email.